图书在版编目（CIP）数据

从零开始学众筹 : 入门必备+实战技巧+风险防控 / 刘恒涛著. -- 北京 : 人民邮电出版社, 2016.8
ISBN 978-7-115-42988-9

Ⅰ. ①从… Ⅱ. ①刘… Ⅲ. ①融资模式－研究 Ⅳ. ①F830.45

中国版本图书馆CIP数据核字(2016)第152149号

内容提要

在互联网时代，普通人拥有的最大资源是什么？是社交网络。社交网络是有互联网以来的集大成者，本书用生动的文笔讲述在社交网络上玩转众筹的故事，分享在社交平台上运用和拓展人生资源、兑现人生红利的创业行动。

本书站在市场的最前沿，介绍了众筹的起源、发展、现状以及国内外众筹的相同与差异处，介绍了众筹的类型，帮助您选择最适合您的众筹类型；介绍了发起众筹前的筹备、发起过程、后续管理等，详细到方案设计、包装设计、信息展示等，从零开始教您手把手掌握众筹的实战技巧。

本书还详细介绍了众筹的风险，帮助您识别各种风险以及应对风险。另外本书还介绍了很多成功的众筹案例，详细解剖其成功的要素，帮助您更好地了解众筹。

本书适合初始创业者、中小微企业、企业管理者、城市白领、追梦者以及对众筹感兴趣的读者，是一本随查随用的众筹实战宝典。

◆ 著　　刘恒涛
责任编辑　李士振
责任印制　周昇亮

◆ 人民邮电出版社出版发行　北京市丰台区成寿寺路 11 号
邮编　100164　电子邮件　315@ptpress.com.cn
网址　http://www.ptpress.com.cn
大厂聚鑫印刷有限责任公司印刷

◆ 开本：720×960　1/16
印张：13.5　　2016 年 8 月第 1 版
字数：298 千字　　2016 年 8 月河北第 1 次印刷

定价：45.80 元

读者服务热线：(010)81055296　印装质量热线：(010)81055316
反盗版热线：(010)81055315
广告经营许可证：京东工商广字第 8052 号

前言 Preface

随着时代的发展，各种新生事物不断涌现，社会也在不断受惠于新生事物的产生，越来越多的传统模式也在新生事物的作用下，得以推动和发展。互联网的兴起让众筹这种传统的融资模式获得新生。

互联网如今已成为一种强大的投融资工具，互联网平台则成为越来越多的人展示与成就梦想的舞台，互联网众筹也越来越普及。当你登录众筹平台为一个项目投资，或者将自己的梦想展现在这个平台上来筹集资金时，甚至在朋友圈为网友的一个愿望发一个红包给予支持时，那么毫无疑问，此时你已经成为互联网众筹的参与者了。

众筹作为一种传统的融资模式，它体现了人们互帮互助的精神。众筹融资模式从上古时代产生后，便一直在民间被广泛采用。这种简单普通的众筹融资模式具有“亲切”和“平易近人”的特性。

而互联网的普及让众筹这种传统的融资模式产生了质变，这种质变不仅仅是让众筹变得新潮和时髦了，而且在很大程度上让其发挥出了前所未有的能量。不管是过去的传统众筹还是当今的互联网众筹，都具有投融资门槛低的特点。但传统众筹在发展过程中存在不足和弊端，其中最主要的就是，传统的众筹机构很难将众多的投资者集中在一起。虽然可以借助广播、电视、报纸等可信度较高、受众广的平台进行宣传推广，但是宣传成本太高，让很多人望而生畏。为了降低宣传成本，很多众筹发起人采用更加“传统”的方式来扩大自己的影响力，如派发传单及上门走访等。但这些宣传方式收到的效果同样不甚理想。派发传单难以获得投资者的信任，而上门走访工作量太大，效率却很低，而且还大大增加了人工成本。

此外，潜在投资者遇到问题时如何沟通，甚至如何将钱交到投资者手中，对投资者和项目发起人来说都是一件比较麻烦的事情。这些问题都是阻碍传统众筹发展的重要原因。

在互联网普及的今天，这些问题都得到了很好的解决。一个大型的众筹平台拥有大量的互联网用户，而各个社交平台所覆盖的互联网用户更是海量的。此外，互联网及时便捷的沟通功能以及平台的监管在某种程度上解决了传统众筹中的“信任危机”问题。网上银行等各种支付模式的诞生，也方便了投资者的资金流动。更重要的是，这些都是在互联网用户最“舒适”的状态下进行的。即这些融资计划被放到互联网上，用图文并茂的方式呈现，更便于阅读和理解。现在的互联网已经成为很多人日常生活中的重要组成部分，这些人也许对现实中那些融资计划书不感兴趣，但在互联网上，他们却愿意去了解那些众筹项目，并最终成为这些项目的投资者。

众筹作为新时代互联网发展下新生的投融资模式，它的重新崛起，无疑是时代的需要。它的产生不仅仅是一种新型的金融制度或者模式的诞生，更是对整个金融、经济与市场领域，甚至人们的生产生活方式带来一场意义非凡的伟大变革！

互联网众筹给这个世界带来的影响才刚刚开始！

目录

Contents

Part3 巧操作：实力 + 技巧才能获得成功

Part4 梦工场：优势 + 拼搏就能创造奇迹

Part5 风险防控：众筹路上有坑也有坎

导读

众筹为梦想而生

众筹故事一：80 后女孩用众筹办了场个人演唱会

演唱会是指艺人个人或艺人团体在观众面前进行现场表演（通常指音乐表演），因此演唱会对于歌迷来说可谓是一个与偶像共同狂欢的节日。

人们印象中的演唱会，知名艺人、奢侈华丽的舞台、成千上万名粉丝，缺一不可，而普通人更多时候只能充当观众的角色。因此如果说普通人也能“翻身做主”开个人演唱会，很多人都会摇头，认为不可能。然而真是如此吗？

60 天，准备一场演唱会

有些人是生日很随性，有些人则是有生日情节。比如我。

小时候过生日，很多小伙伴聚集在家中，吹蜡烛拆礼物，玩游戏许愿望，快乐就是如此简单。

毕业后，我在旅途中过生日，行走在路上，与陌生人交谈，穿异国的服装，用双脚丈量世界各地不同的土地，尝试生命的不可能性。

而今年，我想要来点不一样的！在自己 28 岁生日这天开一场自己的演唱会。

上述文字来自于一位名叫李璐伟的姑娘在她的公众号中发表的一篇名为《60 天，准备一场演唱会》的文章。这篇文章文字真诚，朴实无华，吸引了很多网友的关注。

李璐伟和国内众多年轻上班族姑娘一样，每天早九晚五，一年旅行两三次，喜欢吃美食，爱好交朋友，生活平淡无奇，波澜不惊。有一天她路过文化广场，恰好看到正在为音乐节进行排练的乐队在表演，节奏明快，吸引了很多人驻足观看。李璐伟也停下来与周围的观众有节奏地打着节拍，这种热烈的情绪很快就感染了她。她突然间萌生一个念头：开一场属于自己的个人演唱会——在 28 岁生日那天唱歌给众人听。

确定演唱会的梦想之后，李璐伟就开始计算演唱会所需的各项开支。舞台场地、灯光舞蹈、视觉设计、乐队等，都需要资金支出，粗略算下来就需要六七万元。这对于一个普通的“小上班族”来说，是个“大数字”。李璐伟没有气馁，她想到了众筹方式。于是便在自己的公众号中推出了那篇名为《60 天，准备一场演唱会》的文章。不出李璐伟所料，这篇文章一经推出，便吸引了众多网友的关注。很多网友主动联系李璐伟，表示愿意为她提供帮助，使她实现开个人演唱会的梦想。结果只用了 20 天时间，李璐伟就用众筹的方式筹集到了开演唱会所需的资金。

排练时，李璐伟才发现自己的歌唱水平达不到专业的水准，舞蹈也是一塌糊涂，她感觉很糟，不禁有些怀疑，当初众筹开演唱会的决定是否正确。家人适时的鼓励以及朋友和热心网友的支持，使李璐伟摒弃了放弃的念头，为了不让帮她圆梦的热心网友们失望，她开始全身心地投入到排练中。

演唱会当天，舞台上，音响、灯光等已就位；舞台后，主持人、舞蹈人员、化妆师等人都在辛勤忙碌着。舞台前面，三百多个观众席座无虚席。

灯光闪烁，音乐声起，聚光灯打在李璐伟身上，那一刻，她看起来像极了受到全世界宠爱的公主。历时两个小时，19 首歌，她发挥得很好，曲调精准，舞姿优美。观众席上有人落泪，有人情不自禁鼓掌，没有人提前离场。众人都被李璐伟感动了。

这次经历给李璐伟留下了深刻的印象，让她更有信心去面对未来，而她通过众筹的方式实现了自己的梦想，也让她意识到互联网众筹的便利性及普遍性。李璐伟说："以后我也要积极参与到众筹活动当中，帮助那些像我一样，想实现梦想的人。"

众筹故事二：
美国民众用众筹改变了总统选举

众所周知，在美国每隔四年就会进行一次总统选举。美国总统选举制度很复杂，时间漫长，包括预选、确定总统候选人、总统候选人竞选、选民投票选出总统“选举人”、正式选举总统、总统就职典礼等多个程序。每一个程序都需要雄厚的资金支持，所以在美国，总统竞选是个“很烧钱”的活动。如果资金雄厚的话，在总统竞选上就会有很多优势，事实也的确如此，美国当选的总统多数出自为富人代言的共和党。

与共和党相比，民主党的选民多为中下资产阶级收入的人群，所以民主党在资金上明显处于劣势，因此在总统竞选上也显得很弱势。不过这世上富人终究是少数，普通群众占大多数。民主党虽然不受大企业、大财阀的“待见”，但通过众筹方式，却可以得到美国本土百姓的大力支持。群众总人数较大，积少成多，也能募集一笔可观的资金。

2008 年，美国总统竞选，民主党代表竞选人是奥巴马，但奈何民主党财力薄弱，筹款能力也弱，因此一度落后于共和党。此时以 Facebook 为主的社交媒体正在快速崛起中，其用户量庞大，很多人都通过社交媒体表达了对奥巴马的支持。他们积极参与竞选筹款活动，其中多数是不足 100 美元的小额捐款，金额虽然少，但支持人数有 320 万之多。聚沙成塔，奥巴马团队通过这种众筹方式募集到多达 7.45 亿美元的竞选资金。在雄厚的资金支持下，最终奥巴马击败约翰 · 席德尼 · 麦凯恩成功入主白宫，成为美国历史上第一位非洲裔总统。

由此可见，借助众筹的力量，让本来没有太多资金优势的奥巴马蓄势待发，并最终打败了竞争者，成为美国第44届总统。这就是众筹的神奇之处，它能够帮助普通人完成一些平日里看来无法想象的梦想。

众筹近些年来很火爆，众筹网站上有各种众筹项目，如新产品、新活动、电影等众筹。越是具有创新性的项目，越能体现众筹的巨大力量，其成功率就越高。众筹悄然改变了很多行业，也成为创业者、中小企业募集资金的常用渠道。

众筹故事三：众筹实现开咖啡馆的梦想

随着时代的发展，咖啡馆开始盛行于每个大中小城市，是现代人们用于聚会休闲、商务交流的场所。咖啡馆之所以有它独特的吸引人之处，是因为它贩卖的不仅仅是咖啡，更是一种品质、文化和思想。

一位奥地利诗人曾这样描述过咖啡馆："一个好的咖啡馆应该是光线充足的，但不应是奢侈的，空间里有气息，但不止是苦涩的烟味……咖啡并非是无偿的，然而坐在这里的时间是无偿的。馆内飘荡着悠扬的钢琴声，和煦的光线在微隙的气息间穿梭，舒适，悠长，将天地间的空虚一一盈满。"

无尽的小资情怀，使得开一家咖啡馆成了很多人的共同梦想，但由于资金限制，只有少数人才能真正实现这个梦想。而随着时代发展，信息时代的创业模式发生了翻天覆地的变化，人们可以通过众筹的方式来解决个体资金不足的问题。众筹让很多人的咖啡馆由梦想变成了现实，下面跟大家分享一个名为"很多人咖啡馆"的故事。

2011年1月7日，一个名为"蚊二妞"的博主在豆瓣网发布了一条帖子："我们用两千块钱来开家咖啡馆吧。"这个帖子发在"吃喝玩乐在北京"这一豆瓣小组中，"蚊二妞"在帖子中描述道：每一天坐在办公室背靠阳光面朝电脑屏幕时，多希望此时能端上一杯热腾腾的咖啡对着阳光……然后，我又想到开一家咖啡馆。很多朋友和我一样，想开咖啡馆但却拿不出几十万上百万，也不可能辞职去开咖啡馆，风险太高。不如大家一起来开家咖啡馆，只需我们一点时间一点钱，汇聚起来就是很多时间很多钱。咖啡馆的名字就叫“很多人的咖啡馆”。

点击发送键后，“蚊二妞”静静等待网友的参与，然而第一个网友却说这是非法集资，认为楼主在骗人。“蚊二妞”将原帖子修改了下：“钱并非都是交给我，而是大家一起用。我不会辞职来开咖啡馆，等募集到资金后，会将这笔资金拿去注册有限公司，因此大家会成为公司的股东，按照出资的份额分享利润，风险共担。”

这篇帖子逐渐吸引众多的网友的关注，报名人数逐渐增加，最后竟有 140 多人报名参与，“蚊二妞”将前 50 名报名的网友选为股东。

2011 年 1 月中旬，股东们在线下第一次见面开会，会议上大家就咖啡馆的组建、筹备、运营等问题各抒己见。他们认为股东不止是出钱，还要参与日常运营的管理工作。这些股东投资金额设置了上限，在 2000 ~ 20000 元之间，这种方式是为了避免咖啡馆出现绝对控股的股东，以此来保护每位股东的利益。

2011 年 9 月 10 日，“很多人的咖啡馆”正式开始营业，据说生意还不错。

“蚊二妞”借助众筹，让开家咖啡馆的梦想成为现实。以往，做生意通常是“家族企业式”经营，或者几个好友一起出资创业。随着互联网的发展，社交媒体的兴起，网民在网络中都有属于自己的网络身份，如新浪微博、豆瓣网、百度贴吧等。通过网络，众筹可以汇聚不同国家、不同行业的人一起投资，使项目成为现实，这也让网络众筹创业就有了可能。众筹有望为大众创业、万众创新提供助力，帮助众多创业者实现创业梦想。

众筹故事四：用众筹实现建希望学校的奇迹

贾凡只是一名普通的大学生，然而他和他的同学们却创造了一个奇迹——采用互联网众筹的方式建立起了一座希望学校。这个轰动 2012 年整个夏天的大学生公益故事，与贵州陈家寨小学的 139 张笑脸，让很多人热泪盈眶。

2012 年春节，贾凡在电视里看到陈家寨小学的介绍，电视里出现的画面让他感到很震惊，这里的贫困超出他的想象。回到学校后，陈家寨小学破败的环境和孩子们渴望求知的眼神一直在贾凡的脑海中闪现，陈家寨小学的事迹也同样牵动着贾凡所在社团中几位同学的心。商量再三后，他们决定利用业余时间赶赴陈家寨考察一下当地的实际情况。

2012 年 3 月，贾凡和 6 名同学前往陈家寨考察。山路崎岖难行，快到陈家寨时，山路几乎不成路，他们用了约两个小时才爬上寨子。他们发现这个地方确实如电视里报道的那样很贫瘠，学生们待在四面漏风的教室里，6 个班 100 多名学生，大部分没有袜子，穿着被雨水打湿的鞋和单薄的衣物，挤在 4 间不到 10 平方米的民房里，缩着手，朗读课文，没有操场和任何体育器材。课间，孩子们踢着野草做的毽子，跳着用藤条扭卷的跳绳，以此取暖……

那一刻，贾凡和同学们下定决心帮助这个寨子里的学生建一所希望学校。建校并非易事，一番调查后他们得知，至少需要 100 万元才能完成建校目标。

越是困难，越要去做。回到学校后，贾凡与同学们商量试着采用众筹的方式为陈家寨小学进行集资。贾凡他们在陈家寨待了三天，拍了许多照片，将之配以相应文字发布在网上进行众筹。

众筹不设定捐款限额，5 毛钱、1 元钱都可以，点点滴滴，都能用来为学校添加黑板、水泥、砖头……然而众筹进展的很慢，这个“开始”之后的公益之路，并没有他们想象得那么平坦。到了 5 月，所得款项只有几千元。有同学说，不如这么放弃算了，我们已经尽力了，但贾凡决定坚持下去。

不久后，一笔十万元的款项通过微博转过来，这给正为众筹不顺利而沮丧的众人鼓了劲。慢慢地，为陈家寨学校筹集款项的微博转发量达数千次，关注人数和参与者逐渐增多。

为了更快地筹集齐款项，贾凡等人还通过公募的方式募集资金，公募活动动员了二十多所高校和中学，总共有 2000 多名大学生和中学生志愿者参加了公募活动，最后终于募集到百万元资金。这一天，贾凡和同学们回顾一路众筹资金的艰辛，忍不住哭了。

2012 年 9 月，在成功筹集到百万元资金后，新学校在距离原校地址一公里的地方打下地基。4 层主教学楼，崭新明亮，宿舍楼和食堂，还有图书室和多功能室。开学典礼在新建成的操场上举行，对于这里的全体师生来说，这是第一个属于他们的、真正意义上的操场。这是一座由学生们众筹而建立的希望学校，建成的新学校能容纳近 300 名学生。

一群热心公益的学生，用自身的力量，采用互联网众筹的方式，用爱为陈家寨的孩子们撑起了一片希望的天空。

互联网众筹圆了大学生的梦想，也圆了陈家寨那些孩子的梦想，在未来，互联网众筹必然还会帮助千千万万的人实现梦想。

众筹故事五：
脑瘫女孩用众筹实现新书出版

2015年12月27日下午，南京先锋书店前人头攒动，人们都在眺望队伍的正前方。一位看起来只有十几岁的姑娘在用右手艰难地敲击键盘，速度很慢，但人们仍耐心地等待着。这是一场特殊的新书首发仪式，作者是位不能说话、只能靠右手敲击键盘的26岁的姑娘——王忆。

王忆虽然已经26岁了，但身材矮小的她，看起来只有十几岁的样子。由于受脑瘫残障的困扰，她无法正常讲话，且行动不便。在发布会现场，她只能用电脑打字来说出自己想说的话。开场白“大家好，我叫王忆“，就这么简单的一句话，她在家里练习了不下百余次。由此可知，脑瘫给她生活带来多么大的不便。

但庆幸的是，她性格坚强，在父母的帮助下，她和其他正常的孩子一样读完了小学、初中。她热爱文学，喜欢阅读，喜欢书写，至今已坚持文学创作近十年，出版了小说《天若有情之心中的青鸟》，散文集《百合绽放时》，以及刚发布的《轮椅上的青春》。《轮椅上的青春》是她独立完成的第三本书。

这本书总共6万字，是她用键盘慢慢地一个字一个字费力敲出来的，书中文笔清新、思维细腻。“你若问我轮椅上的青春是怎样的？我会告诉你，轮椅上的青春总是走走停停，但每一处都足以逗留欣赏……”她的作品字里行间流露着对家人的感恩、对生活的热爱。她用文字将自己的心境表达出来，让人们了解广大残障人士的生活，呼吁社会关注残障人士，帮助他们适应生活、社会，维护他们的权利。

《轮椅上的青春》之所以能够印刷出版与广大读者见面，也得益于众筹的力量。这本书是采用众筹方式出版的，也是江苏残障人士成功试水公益众筹出书的第一个案例。此次众筹共有 319 名爱心人士参与，募集资金达 18319.10 元。

根据当初众筹时的约定，为了回报这些爱心人士，王忆将新书的电子版和书籍版通过电邮、快递分别邮寄给他们，用作品回报这些关爱自己的人。

众筹出书是近几年中国出版界很火爆的一种出版模式，拥有优质内容资源的作者，当觉得某本书有出版价值，但却受限于资金短缺时，便可采用众筹模式。这种模式对于那些想要出书却找不到资金来源的优秀作者来说，无疑是一个福音。

众筹出版模式创造了很多纪录，如《周鸿祎自述：我的互联网方法论》在短短一个月内就筹集到资金 160 万元，《社交红利》在短短两周内成功募集资金 10 万元。出版众筹时间短、见效快，因此极受出版界人士的欢迎。但出版众筹项目的成功率并不高，关键在于图书众筹关注重点是图书质量是否过关，创意能否打动潜在投资者。相对于其他众筹项目来说，图书众筹的起点更高。得益于图书众筹的高起点，避免了部分不成熟、粗制乱造的图书充斥市场的现象，也让图书众筹不再从“众筹”变为“众愁”。

Part1

众筹入门：

新时代造就的新玩法

1.1 众筹+互联网：看众筹的涅槃重生

1.1.1 众筹的前世今生

众筹，顾名思义，就是通过向众人筹集资金的方式向社会融资，积少成多，聚沙成塔，最终达到“集中力量办大事”的目的，使一个创意变成项目或者商机。众筹与其他融资模式不同的是，它的融资对象不是拥有巨额财富的投资人，也不是提供战略投资的一两个投资者，而是面向广大百姓。众筹看起来是一种新型融资模式，然而实际上它是由一种很古老的民间融资方式衍变而来的。

借助互联网进行融资的方式，与公元前3000多年部落筹措资金的方式有着异曲同工之处。那时还未有银行出现，部落中的富裕家族或者统治阶层就开始为部族中的人提供贷款，让他们去经商或者建设工程。贷款的利息并未有统一的标准，完全根据借贷双方间的关系而定，借贷风险高、违约、坏账等情况时有发生。

中世纪时期的欧洲，人们开始使用众筹的方式向社会大众进行融资，以获得充足资金，从而完成巨大的项目。

1713年，诗人亚历山大·蒲柏通过提前订阅的方式向社会上的读者发起众筹，以便能够借此将希腊史诗巨作《伊利亚特》翻译成英文。亚历山大·蒲柏通过众筹获得了资金，他耗时七年最终翻译完了这部规模浩大的作品，然后以每年定期更新的方式推出。这种推出形式有点像今天的某些美国影视剧，而这种融资模式实际上就是众筹的雏形。

此后，众筹这种融资方式就一直沿袭下来，甚至连美国标志之一的自由女神像的诞生也离不开众筹。

为了这件伟大艺术作品的诞生，美法两国的民众被发动起来筹措资金。最后，法国的民众筹资购买了雕像，美国的民众则购买了底座。在筹资的过程中，发起者制定了鼓励措施。比如为雕像发起众筹的雕刻者巴索蒂通过打造微型版的自由女神像，并刻上购买者的名字来获得捐款。法国将作为庆祝美国独立 100 周年礼物的自由女神像拆分后，再分别打包通过船运的方式运往美国。美国希望将她安放在一个价值 25 万美元的巨型花岗岩基座上，不过当时的政府却很难轻易拿出这笔钱。著名的出版商约瑟夫·普利策在自己的报纸《纽约世界报》上发起了一个筹款活动，以记录下捐款者姓名的方式为承诺，意外地获得了 16 万美元民众的募捐，最终为女神筹得了剩余所需的 10 万美元。在为自由女神像发起的众筹中，两位发起者的鼓励措施和今天众筹当中的投资回报十分类似。

将这种原始的筹款模式与今天的众筹对比仍能看出有很多的不同。不过到了

图 1.1.1–1　美国自由女神像的诞生是传统众筹的典范

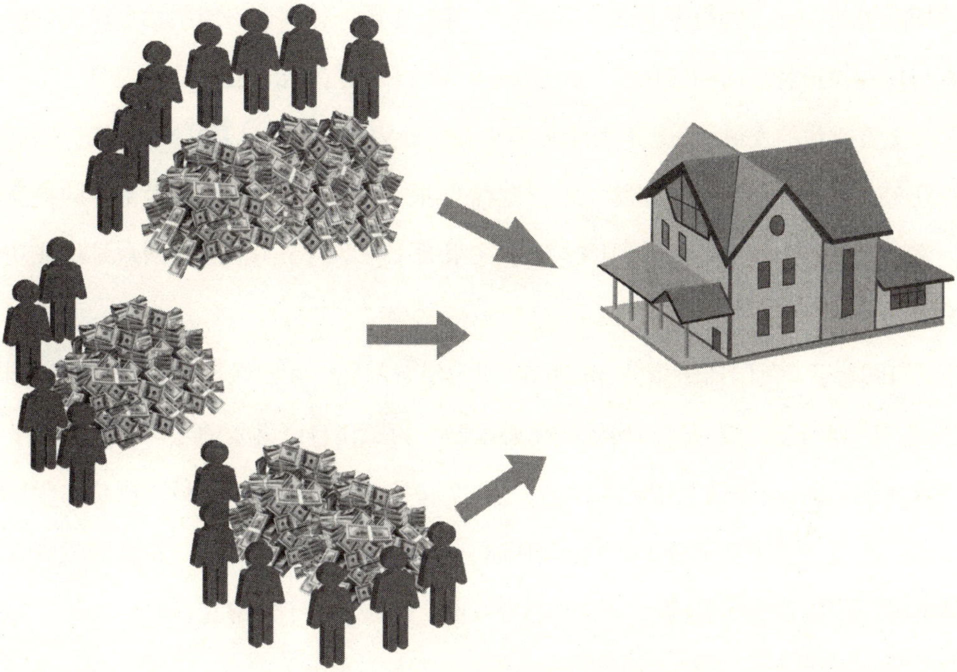

图 1.1.1-2　传统的民间众筹互助建房

19 世纪 20 年代，两者间的差别已经微乎其微了。当时美国深受经济大萧条的危机影响，银行已经无力满足普通民众的融资贷款需求，只能为国家的基础设施以及政府的运作提供贷款。民众只好通过互助的方式建立自己的融资机构，以便能够解决购买大宗商品的资金问题。

正是在这种背景之下，一个名叫“建房贷款合作协会”的民间借贷机构建立起来。加入协会的会员将自己的积蓄存入协会，协会再用筹集到的资金去帮助那些需要钱的会员，很多处于工薪阶层的会员借此购置了属于自己的房产。与银行贷款以寻求高额回报为目的不同，该协会的贷款更多的是为会员的利益服务，更像是一种民间的互助行为，因此其影响范围较小，功能也比较单一。

这些在过去很成功的例子，显示出众筹巨大的作用与价值。此后，众筹这种重要的民间融资方式便被保留下来。尽管如此，众筹还是存在诸多不完善的地方，比如众筹的发起者和投资者之间的信息交流不通畅，过程也不透明，众筹的发起者与潜在投资者之间的信任基础比较差，因此并没有在当时发展起来。

随着时代的发展，众筹的各个环节也在不断完善。尤其是互联网时代的到来，为众筹的飞速发展插上了翅膀，审核流程的进一步透明化，以及众筹平台的极速拓宽，是其得以发展的重要原因。接下来跟大家分享两个美国互联网众筹的成功案例。

1997 年，英国摇滚乐队 Marillion 因为经费问题，无法按原定计划开启美国巡演。听到消息之后，美国粉丝们伤心不已。为了让自己喜爱的乐队能够顺利举办这次的巡演，粉丝们借助互联网向全球发起了一场募捐活动，最终成功在全球范围内筹足了 6 万美元经费，使演出顺利进行。互联网在众筹这一古老的融资方式面前第一次展现了其强大的推动力量，也让世人看到了众筹在新时代所蕴含的巨大发展潜力。

1999 年，一部名为《驻外记者》的影片同样因为面临严重的经费问题而陷

图 1.1.1-3　国内电影众筹平台——淘梦网

入拍摄困境。该剧的制片人于是决定借助互联网，为债台高筑的剧组筹款 50 万美元的拍摄经费。抱着试一试的态度，他发起了互联网众筹融资。作为回报，他承诺向每一位捐款者提前发送剧本和原始剪辑，以便让他们确信这部电影的大部分工作已完成，只要解决了资金问题，电影投放市场完全没有问题。虽然参与这次众筹的多是剧组工作人员的亲朋好友以及圈内投资人，但它却成为电影业众筹的起点。

1.1.2 互联网催生的众筹

随着互联网在世界范围内的飞速普及，众筹又迎来了新的发展时期，甚至可以说是一次涅槃重生。互联网众筹的价值不仅仅是借助大数据渠道的价值，它真正的价值在于利用互联网模式充分地创新，提供新的融资渠道模式。

借助网络发起的众筹融资也让这种传统的融资模式变得更加简单，这似乎更符合借贷双方的心意，尤其是投资者。但众筹提供投资的金额一般比较小，如果还要为此花费过多时间在流程上，则可能会大幅减少投资者的兴趣。图 1.1.2–1 是当今时代互联网众筹的基本流程。

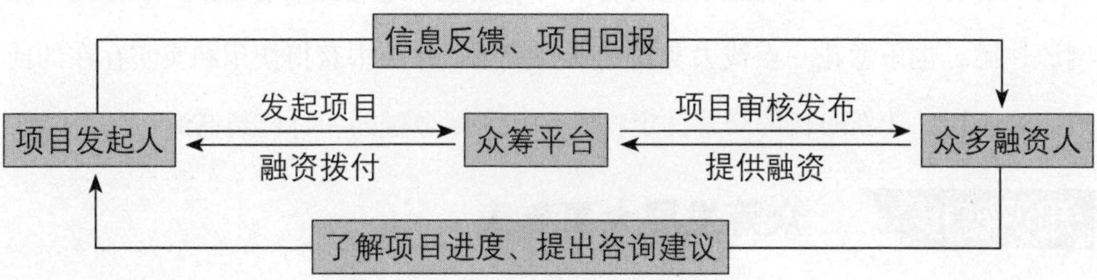

图 1.1.2–1

众筹在当今社会能重新崛起的另一个原因，就是人们社会意识的转变。随着时代的发展，越来越多的人具有更强的投资意识，除了希望获得高额回报之外，投资更是一种心理需求或者一种欲望的满足。但另一方面，投资又伴随着风险，尤其是大额资金的投资风险让很多人望而却步。众筹这种简单低门槛、风险较小的投资方式便成为满足人们投资需求的重要模式。

在信任方面同样如此。互联网的诞生，极大地拉近了融资者与投资者之间的距离。投资者可以很容易地通过网络了解整个项目的进度，而且可以就自己不明白或者不能接受的内容与融资的发起者进行即时沟通，并获得对方的回复。这在以前是难以想象的，因为传统的众筹发起者不可能向每一个投资者发送项目的介绍书，这样不仅成本太高，而且工作量太大，况且“不透明”的项目计划也很难得到线下投资者的支持和信任。

而现在在互联网的推动下，投资者在向项目投资之后，可以随时随地通过与项目发起人的沟通知悉所有关于项目进度的问题，即可收获“面谈”的效果。互联网可以帮助发起者将自己的创意发送到世界上任何有网络的地方。那些潜在的投资者只要相信你，你的想法和创意就可能变成创业项目，并得到投资者的资金支持。

正是这些因素，造就了新时代下众筹的重新崛起。互联网的迅速发展，给众筹带来的不仅仅是更加广大的平台，还有更良好的社会氛围。在创业者越来越多、或者说机遇越来越多的今天，那些有想法敢表达的芸芸众生将为众筹提供源源不断的项目发起人，而那些越来越接受网络虚拟世界与现实生活紧密关联性的互联网原住民，也乐意花一点钱去实现别人的梦想，并从中获得快乐和实实在在的回报。这一切，让新时代的众筹注定将成为互联网金融的一片广袤蓝海。

知识链接　众筹发展大事年表

时间	标志性事件
公元前 3000 年	部落之间筹措资金交易
17 世纪	通过在书籍上鸣谢投资者的方式发起的出版众筹
1884 年	法美两国为塑造自由女神像发起的民间众筹
20 世纪初	美国贷款合作协会建立
1997 年	Marillio 乐队的歌迷为其美国巡演发起的众筹

续表

时间	标志性事件
2001 年	世界第一个众筹平台 Aritishare 正式上线
2006 年	第一个服务于草根音乐人的音乐类垂直众筹平台建立
2008 年	综合类大众众筹平台 IndiGoGo 正式上线
2009 年	Kickstarter 上线，主要为文化和艺术类项目提供众筹平台
2012 年	美国总统奥巴马签署《创业企业融资法案》

1.1.3 风生水起的国外众筹

由于新时代的众筹模式离不开互联网的支持，因此互联网的发展水平也对众筹的发展进程起到重要的影响。国外尤其是欧美发达国家的互联网普及和发展程度远远早于中国，因此互联网众筹的重新崛起也首先发生在这些国家。在这些国家中，众筹的接受度和成熟度也远远领先于中国。

作为世界互联网领域的引领者，美国国内互联网基础设施相当完备，再加上相关法规的不断完善，为众筹的发展提供了优越的环境。

小型企业的发展往往面临着诸多困难，尤其是资金短缺。随着互联网的普及，人们的日常生活以及交流也越来越依赖互联网，电子商务的蓬勃发展就是这一时代背景下的真实写照。

正是在这种背景下，人们开始借助网络工具来进行线上和线下的资金募集，互联网为融资者和投资者提供了一个能够进行密切交流互动的平台。

次贷危机引发了金融风暴，让这些中小企业的境遇雪上加霜。面对这种状况，已经焦头烂额的美国政府也爱莫能助，只得寄希望于民间的资本，这也为众筹这种古老的融资方式重新焕发青春带来了契机。

2009 年，还是一名期货交易员的华裔人士陈佩里创办了后来成为世界最知名的众筹平台之一的 Kickstarter，用以帮助艺术家和音乐家通过向全美乃至全世界的民众发起众筹来实现自己的梦想。Kickstarter 的上线，具有十分重大的实际意义和象征意义。

为了解决企业和创业团体出现的资金困境，并杜绝互联网众筹法规的不完善带来的种种弊端，美国国会在 2012 年通过了《促进创业企业融资法案》，这就是著名的《乔布斯法案》。同年 4 月，美国总统奥巴马正式签署了这一法案。

《乔布斯法案》这一具有针对性的法案的出台，也为中小企业向民间发起众筹来进行融资提供了方便。为了配合众筹融资在美国的快速发展，美国政府正在不断建立和完善相关的法规。

尽管如此，互联网众筹的发展依然面临着诸多问题。这些问题中有些是传统众筹本身具有的，有些则是互联网诞生后带来的新问题。因此在未来很长一段时间内，互联网众筹还需要在发展中不断完善。

法律的相对滞后并没有给众筹的重新崛起带来太多麻烦，如雨后春笋般建立起来的众筹平台开始为融资者和投资者的相聚提供机会。这种借助新时代重新崛起的古老的融资模式，已经成为不可逆转的市场潮流。

图 1.1.3-1　众筹已经成为一股席卷全球的风暴

众筹在世界各地都获得了快速发展。到了 2013 年的上半年，全球大大小小众筹网站的数量已经超过 1500 家。其中，众筹在美国的发展处于世界领先地位，有超过 344 家众筹网站上线，英国和法国分别以 87 家和 53 家位列第二、第三位。在众多的互联网众筹平台当中，上文提到的美国 Kickstarter 可谓其中的翘楚。截至 2014 年 10 月，该平台融资总额已超过 10 亿美元，平均每天的融资额都超过百万美元。

除了发达国家，发展中国家的互联网众筹也因互联网的快速发展，颇有一股“雨后春笋”的架势。发展中国家互联网众筹的发展起步较晚，规模较小，但潜力巨大，前途不可限量。据预测，到了 2025 年，全球发展中国家的众筹融资总额将达到 960 亿美元，其中中国的融资总额将达到 500 亿美元。

随着互联网在全球范围内的日益普及，众筹势必将在全世界掀起一场金融领域内的颠覆性狂潮！

知识链接　世界十大互联网众筹平台

平台名称	成立时间	成立地点	平台类型
Kickstarter	2009 年	美国	文化与艺术
IndieGoGo	2008 年	美国	综合性众筹平台
Upstart	2012 年	美国	综合性众筹平台
Angellist	2010 年	美国	天使汇的美国原版
ZAOZAO	2012 年	中国香港	时尚设计
Trevolta	2013 年	南非	旅游
Unbound	2011 年	英国	出版
Fundrise	2010 年	美国	房地产
Tilt	2012 年	美国	朋友圈
DragonInnovation	2009 年	英国	硬件

1.2 众筹价值：众筹是草根圆梦的舞台

1.2.1 众筹是梦想的催化剂

从古至今，人类社会就不乏有梦想，敢于追求的人。梦想来源于现实，但往往也高于现实，尤其是那些“难以驾驭”的梦想，仅依赖个人的力量是远远不够的。这时，就需要集合更多的人力、财力和物力来共筑梦想，这也是众筹产生的意义所在。

人们常说：梦有多大舞台就有多大。反过来亦是如此，舞台的高度和宽度也决定着梦想的高度。众筹就是一个梦想的舞台，那些众筹的发起人就是一个个梦想家。他们为实现自己的梦想而四处奔走、群策群力，从每一个响应者那里获得一点帮助，最终将一个个小小的力量聚合成一股强大的力量，帮助自己去实现梦想。

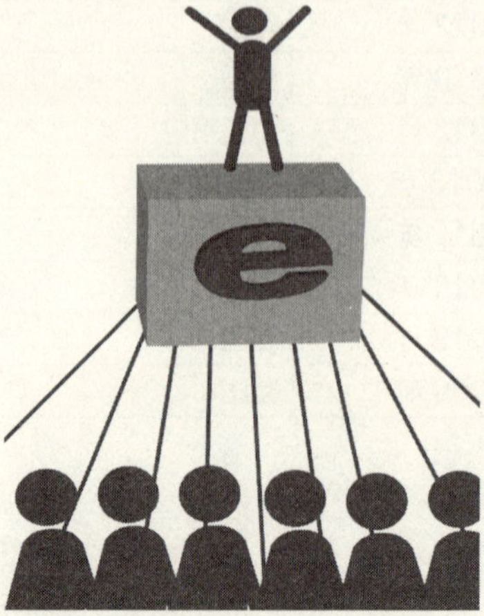

图 1.2.1−1　众筹将一个个小小的力量聚合成一股强大的力量

众筹这种传统而十分有效的融资方式就是为梦想而生的，它诞生和发展的过程都是为了实现一个个梦想。众筹的投资者就像一块块砖，正是他们共同搭建起了这个圆梦的舞台。无数人为了圆众筹发起者的梦想而加入到投资者的行列当中。

当然，互联网众筹还没有出现之前，要想把周围的人聚集起来为你“筑梦”并不是一件容易的事。通过传统的融资模式，让一个人为你投 10 万元和 10 万人每人为你捐一块钱是同样艰难的事，甚至后者的难度可能还要大于前者。因为那时很少有一种工具能将这 10 万人聚集起来（即使有，也很少有人能用），让他们了解你的梦想，进而支持你的梦想甚至为你的梦想“买单”。

随着互联网普及到千家万户，把成千上万的人聚集起来了解并支持你的梦想变得简单可行。只要有一台能够连上 Internet 网的电脑或者手机，你就可以通过无线端将你的梦想展示给世界各地的千千万万的网友，并从他们那里获得融资的机会。

这种借助别人的钱圆自己梦想的方式，让众筹具有社会意义。不管是项目的发起人还是为项目提供融资的网友，众筹都成为了他们实现梦想的舞台。

知识链接 《乔布斯法案》

为了解决近年来美国资本对中小企业提供金融服务的能力持续弱化的问题，并解决这些企业在常规渠道融资时所面临的高负担，美国政府决定放松对市场融资领域的监管，以便能够为中小企业的融资提供政策扶持。正是在这种背景下，著名的《乔布斯法案》应运而生。该法案全面系统地对包括认定的新兴成长企业（EGC）简化 IPO 发行程序、降低发行成本和信息披露义务；在私募、小额、众筹等发行方面改革注册豁免机制，增加发行便利性；提高成为公众公司的门槛等。《乔布斯法案》的诞生，在很大程度上对众筹尤其是对众筹当中的股权众筹提供了强大的政策扶持。随着国内中小企业在融资问题上面临与美国相似的状况，中国版的《乔布斯法案》的出台也越来越成为一项紧迫的任务。

1.2.2 众筹最重要的价值在于渠道价值

中华民族是一个十分注重聚少成多的族群，“海纳百川”就是对这一哲学思维的一个高度的概括。当今的互联网众筹，实际上就是一种能够海纳百川的融资模式。

在互联网模式下，众筹平台就如同一个蓄水的大海。一根根网线，就如同一个个引水的渠道，将天南海北的投资者与资金吸引到这个平台上来，这也是互联网众筹的价值所在。

传统众筹的发展之所以会遭遇瓶颈，很重要的原因就是宣传渠道的缺乏和不畅通。一个人想要为自己的项目发动众筹，第一个面临的问题就是如何把这个信息告诉给足够多的人，这在当时来说并不是一件容易的事情。

很多人觉得电视、广播、报纸等媒体可以办到。但从现实的角度来看，如果在报纸上详细介绍自己的计划，将需要很大的篇幅，而报纸是有篇幅限制的，所以一个完整详细的众筹计划并不适合通过报纸来呈现。而在电视和广播上进行介绍，播放时间又很短，潜在投资人要去仔细解读这个项目的详细内容会很不方便。在对项目没有清晰的了解之前，难以做出投资决定。

另一个问题就是费用问题。除了重大的公益性质的众筹项目之外，一般的众筹如果在这些媒体上发布是需要收取费用的，这笔开销对项目发起人来说，负担较重，而且还要承担较高的风险。如果在众筹还没有成功前就花一笔钱去进行广告宣传，也许没有项目发起人愿意这么做。

互联网强大的平台作用是传统融资模式难以比拟的，其为发起人与投资者之间建立起了有效的沟通渠道。在新时代的互联网众筹当中，一个稍微有影响力的众筹平台可能会有数十万网友去关注，这些人都可能成为在这个平台上发布的每一个项目的潜在投资者。项目发起人只要在众筹平台上发起这些项目，就能免费获得这些渠道资源。这是没有篇幅限制的，而且在项目众筹成功前都是免费的，这对于资金缺乏的项目发起人来说，无疑是种巨大的支持。

在旧时代，除了官府之外，普通的融资者不可能有这样的号召力。所以说，宣传渠道的不畅，是阻碍传统融资方式发展的重要原因之一。而通过各种互联网沟通平台与潜在投资人实行即时沟通，确保了沟通渠道的畅通，这可以说是互联网众筹的最大优势之一，同时也是众筹能够在新时代重新崛起的重要原因。

1.2.3 投融资的门槛可以更低

在实践中，为传统企业进行融资可以说是一件十分专业规范和耗费心力的事情。项目从确立、设计包装以及通过商务谈判最终说服投资者为项目投资，是一项复杂的工作。它可能会花费发起者大量的时间、精力甚至金钱，巨大的“发起成本”让很多项目发起人望而却步。

正因为传统融资需要面临高额的发起成本，也导致很多创业者需要面临严重的融资难问题。互联网众筹的出现，让融资的门槛大大降低。在互联网上发起众筹项目，项目在融资成功前，众筹平台是不收取任何费用的。成功之后，收取的费用也是来自项目筹集来的资金。因此，项目的发起人可以说在融资成本方面不会存在过重的经济负担。

在融资额度方面，互联网众筹有更强的包容度，如我国的众筹平台设定的最低融资额只有500元。与国内众筹平台不同，国外众筹网站在融资总额的要求方面，更具有灵活性。比如国外著名众筹网站IndieGoGo规定，就算项目在约定期限内并未获得预期的融资数额，项目发起人依然可以获得已经筹集到的资金，这种众筹平台可以称得上是“有梦想，没市场”的项目发起人的天堂。比如在没有设置剔除系统的知名互联网众筹平台IndieGoGo上，就有类似“为校足球队买队服”“帮助刚丢了车的邻居”等奇葩的众筹项目，这些众筹虽然不一定能够获得成功，但至少为这些人提供了一个表达自己梦想的平台。

随着互联网发展的多元化，很多互联网众筹项目不仅可以在专业的众筹平台上进行发布，只要项目发起人在自己的社交平台上（微博、QQ空间或者微信好友圈）发布项目信息甚至一个简单的想法就能发起众筹，可谓是“零门槛”。任何人都可以展示和分享自己的梦想给各路网友，并通过众筹得到实实在在的融资帮助，这将进一步鼓励生活中的每一个人在有梦想后勇敢表达，并积极寻求网友的帮助。

互联网众筹不仅降低了融资的门槛，也降低了投资的门槛。哪怕你只是生活中默默无闻的甲乙丙丁，但只要你在众筹平台上的某个众筹项目投资1元钱，你就成为了一名投资人，甚至成就了一个伟大的项目，这种成就感同样弥足珍贵。

传统融资，投资者很难为自己找到一元钱的投资项目，而且在实际操作当中十分困难。在传统的旧时代，如何投出你的一元钱呢？很少有人会为了这笔投资去银行汇款，或者直接送到项目发起人手中。对项目发起人也是这样，即便你有能力将项目信息告知天南地北的投资人，但接受一笔笔小额投资是一项异常繁重的工作。尤其传统时代，交通很不发达，距离如果较远，交通成本激增，结果可能得不偿失。

而互联网众筹，让每一个互联网用户都有机会成为项目的发起人和投资者。这些人不论性别、身份地位、职业、高矮胖瘦美丑，都能成为互联网平台的参与者。正是这种低门槛，使得互联网众筹的发展得风生水起、如火如荼。

知识链接 互联网众筹的特点

特点	详细描述
门槛低	企业处于初创阶段，或者市场性并不太高的项目都可以在平台上发起众筹
讲究创意	目前在互联网上发起众筹的项目大多为科技、艺术等新兴行业和领域。除了项目本身具有较强的创意性之外，项目在设计包装方面同样如此。只有这样，才能打动那些潜在投资者，为自己赢得成功融资的机会
具有宣传性	很多项目发起众筹的目的，不仅仅只是融资。一个具有宣传性和创意性的众筹项目，在发起项目融资时，就可以聚集人气，引起网友的关注，为项目做足广告宣传。而广大的网友通过项目宣传有可能变为实实在在的消费者
投资小额风险小	就目前国内形势来看，在互联网上发起众筹的项目，其单笔融资金额通常都较小，投资风险也就相对低一些
初创和临时性	在互联网众筹平台上发起的众筹项目很多都处于项目的设想和起步阶段，即项目的发起人并不具备专业的创业技巧，他们只是恰好具备一个创意性的点子，而众筹平台即可为这个点子提供众筹的机会
角色的重叠和模糊	在众筹网上，绝大多数的项目回报都是项目的衍生品，在这种情况下，项目的投资人实际上就成了提前付款的消费者。而项目运行后，项目投资人则可以享受到项目回报。所以，对于项目投资人来说，其身份既是消费者也是受益者
参与性强	互联网众筹的额度较低，所以某一个项目的投资人数量通常较多。大家一般都会自己对产品生产和设计方面的意见与项目发起人进行沟通，从而使自己成为产品生产设计的参与者
多样性	众筹目前已涉及我们生活的方方面面，如在设计、科技、音乐、影视、食品、漫画、出版、游戏、摄影等各行业和领域都能见到众筹项目的身影，众筹的便利性，也为这些行业的发展提供了机会

1.2.4 融资者与投资者的亲密接触

长期以来，众筹双方即项目发起人与投资人间原本并不相识，所以缺乏信任基础，这是困扰众筹发展的重大障碍。尤其是传统众筹，很多众筹项目甚至出现了欺诈现象，严重损害了众筹在公众当中的印象，这也是传统众筹走向没落的重要原因之一。

互联网众筹虽然也存在一定比例的欺诈现象，但相比较传统众筹，互联网众筹具有方便快捷的实时互动功能。其拥有了更多沟通和交流的渠道和平台，强大的互动性也为双方间加深了解与彼此的互信创造了条件。投资者对项目以及项目发起人的了解，将大幅增加投资者对项目的信心。

实际上，从项目发起人发起众筹融资开始，双方间的交流就已经开始了。除了项目各种详细的解释介绍外，项目发起人还需要在项目开始融资时起，按时向投资者介绍项目的进度。这一方面能够进一步强化投资者的信任，同时也能对那些还在观望的潜在投资人起到吸引作用。社交媒体时代，给了众筹太多的想象空间，更多的人会为自己的喜好而不是利益来买单，这种喜好有时候需要建立在相互沟通的基础上。也就是说，通过充分的沟通和交流，能够在项目的发起人和投资者之间建立起情感的纽带。作为小额投资者来说，这种情感纽带的影响力甚至会超过项目本身的市场潜力。比如说，如果你能通过网上交流与潜在投资者建立起良好的互信关系，那么这些投资者是不会为了几十上百元的“小钱”而太过计较的。因为对于很多人来说，他们的小额投资更多的是为了“成人之美”和享受作为投资者的经历和经验，而获得项目回报则是次要的。

但这些人的“小钱”对项目发起人来说却意义重大，因为不在乎“小钱”的人是数量庞大的一群人，甚至可以说是整个互联网众筹的投资者群体最具有代表性的一群人。这一特点揭示了项目发起人与投资者积极沟通的重要性。

从项目通过审核之后，直到项目众筹的最终成功，发起人都必须要时刻保持与广大的投资者进行充分沟通与交流。通过各种“亲密接触”来拉近双方之间的关系，这将有助于项目发起人获得广泛的支持和帮助。

1.2.5 对传统融资模式的组织再造

在传统的融资市场，投资者作为稀缺资源，处于绝对的优势地位。发起人和投资者双方的所有交流，通常是在一种不平衡的状态下进行的。投资者为了掌握主动权，在谈判过程中往往会为了争取更多的利益而摆出高姿态。而发起人同样会为了自身的利益寸步不让，双方经过讨价还价，相互妥协而获得的最终方案，很难将项目运作到最佳状态。

尤其是有些战略投资者常常会对创业者施加压力，要求参与企业的决策管理，这同样会对企业的发展带来很大的影响。双方因为利益的不同而产生冲突，导致企业在发展路线和方向上产生偏离，严重影响企业的发展。

互联网众筹的诞生可以说是对传统融资模式的再造。在互联网众筹当中，投融资双方的地位被摆在了一种更加平等的位置上，双方能更好地进行平等和坦诚的交流。再加上互联网众筹较高的透明度和比较畅通的沟通渠道，因此很少有单一的投资者要求参与企业的运营管理，这就使企业具有一定的经营自由。由于保留了较大的操作自由，项目发起人可以更加自主地按照自己的发展思路去运作自己的项目，如此一来，就可使项目运作到最佳状态。

新时代的众筹对投资人的身份是一种再造。互联网交流互动的及时性，强化了投资人的参与感，将项目发起人和广大的投资人联结成了一个共同体，项目的实现成为他们共同的目标，项目的回报反而成了次要的内容。由此可见，在新时代的众筹过程中，投资者和融资者实现了全新的关系和交流互动模式。

案例介绍　众筹让投资者直接变成消费者

2014 年，一位来自美国俄亥俄州的创业者瑞安·格雷普发明了一种便携式小冰箱，他为这款冰箱起了一个十分有震撼力的名字："Coolest Cooler"，并将这款冰箱放到了世界知名的众筹平台 Kickstarter 上进行众筹。项目一登录平台就立刻引起了广大网友的关注。项目在发起不到 36 个小时内就成功获得了 5 万美元的融资，4 天之后，这一项目获得的融资已经了超过 320 万美元。

图 1.2.5-1　Coolest Cooler 便携式冰箱

截止到 2015 年 3 月，Coolest Cooler 这一项目的众筹已经在 Kickstarter 上获得高达 1329 万美元的融资，成为该众筹平历史上最成功的众筹项目之一（仅次于一款名为 Pebble Time Steel 的智能手表，该项目在同一时期获得投资达 1515 万美元）。

Coolest Cooler 这一项目获得巨大成功的最主要的原因，在于本身具有巨大的市场号召力。试想一下，如果在炎热的夏天提着一个小型冰箱外出，冰箱里装着清凉可口的冷饮将是一件多么惬意的事情。正因为如此，项目的众筹方案也很简单，就是将原本售价为 299 美元的冰箱以 185 美元的优惠价进行预售。只要参与这一项目，就能以优惠价格购买冰箱。因此，这一回报方案迅速吸引了超过 6 万人的参与。

由此案例可以看出，该项目通过回报方案成功地将投资人的身份进行了转换。区别于传统的融资方式，这个案例中的参与者虽然为项目提供了资金，但事实上他们只是纯粹的消费者，除了获得以优惠价格购买产品的权利外，他们并未获得其他权利。

所以在这个项目当中，我们可以认为项目发起人和众多投资者并非是投资人和融资者的关系，而是商家和消费者的关系。此项目也不再是一个融资项目，而是变成了一件打折预售的商品。

这种融资模式的组织再造，对项目发起人来说具有极大意义。他们虽然会因产品的优惠而少赚一点钱，但对于一个具有极大市场商机的项目，这些“损失”比起为投资人提供长期分红或者配给股份来说，是微不足道的，甚至算不上损失。这种“打折预售”的新型融资方式，使互联网众筹的发展越来越多元化。

知识链接 为预售商品发起众筹的营销意义

互联网众筹除了能够带来融资外，还有一个重要的作用就是，它可以起到很好的营销推广作用。

首先，那些参与众筹项目的投资者将成为商品的忠实用户，毕竟他们投资项目就表明对项目的市场潜力十分看好。

其次，为项目投资也能很好地增强投资人与产品间的情感联系，哪怕投入的钱很少，在这些人心里，还是会觉得自己为产品的诞生做出了贡献。很多人甚至会将产品当成自己的成果，向周围的亲朋好友进行推荐，无形中扩大了产品的知名度。

由此可见，在众筹网上为自己即将上市的产品发起众筹是个一举两得的明智行为，除了获得融资外，产品的“口碑相传”也能为产品预售起到推波助澜的作用。

1.3 国内众筹：后起之秀的逆袭之旅

1.3.1 众筹的崛起和发展

现代众筹是伴随着互联网的普及而在传统众筹的基础上重新崛起的。因此，互联网的普及度也成为了现代众筹发展水平的决定性力量。作为一个发展中国家，中国互联网众筹的起步比较晚，但互联网众筹在中国的发展却颇有“势如破竹”的气势，这是因为中国的互联网众筹发展具有以下几个优势。

第一，人口优势。

中国拥有世界上最多的人口，14 亿国民也为众筹发展提供了庞大的潜在投资者人群。不管是传统众筹还是互联网众筹，庞大的投资者人群始终是众筹发展的决定性力量。尤其在互联网众筹能够提供最充足渠道资源的情况下，“人多好办事”也成为众筹领域中的真理。

第二，良好的网络金融环境。

作为现代众筹的“基础设施”，互联网的发展水平直接决定了众筹的发展规模。我国的互联网普及度已经接近 50%，超过世界平均水平。更重要的是，目前我国已经建立起了良好的网络金融环境。人们愿意使用互联网进行购物和投资，这种意愿度甚至比很多发达国家要高。

例如我国的网购就十分发达，已达世界先进水平，这在一定程度上体现了国人对互联网的信赖。正是这种良好的互联网商业氛围，为互联网众筹的快速发展奠定了基础。

图 1.3.1−1　天使汇

第三，更多的发展机会。

中国目前所处的发展阶段，为众筹的发展创造了机会。虽然中国目前已经是世界第二大经济体，但在很长一段时期内仍将处于发展中国家阶段。这一阶段会出现很多的发展机会，尤其是不断涌现的商机，造就了国内的创业潮，这也成为互联网众筹重要的助推力量。由于目前国内银行业机构难以满足百姓的创业融资需求，众筹便成为重要的融资平台。

另一方面，改革开放 30 多年，百姓的收入得到了快速的增长。富裕起来的中国人，急需为自己口袋里的钱找到投资对象。传统融资由于投资的额度较大，风险较高，难以获得人们的青睐。而投资额小、风险小并有趣味的互联网众筹则开始受到国人的追捧，成为投融资双方成就梦想的舞台。毫不夸张地说，在众筹获得充分发展的情况下，一个网络社区就能成为一个网上银行。

众筹案例　煎饼店众筹创造的奇迹

互联网众筹的兴起，为无数普通人的梦想提供了实现的可能。在众筹的平台上，只要你有梦想，敢于展现自己的想法，你就可能获得融资，成就创业梦想。接下来给大家分享一个在“天使汇”平台上成功融资的故事。

“80 后”创业者赫畅想在北京的繁华路段开设一家“高级煎饼铺”，即一家有店面的煎饼铺，而不是大街上的那种煎饼小摊。要开一家这样的店面需要一笔大开销，为了获得这笔钱，赫畅在国内知名互联网众筹平台“天使汇”上为他的这一梦想发起了众筹，这种看起来十分不可思议的项目竟然出人意料地大获成功。项目在“天使汇”上发起之后，短短 10 天的时间里就成功获得 300 万元的天使投资。

在获得这笔融资之后，赫畅在繁华的国贸地段开设了一家名为“黄太吉”的煎饼店，这家店开张以后，生意很是火爆。

众筹成功后，赫畅一下子成为了社会名人，他的“黄太吉”也成为无可争议的煎饼果子界第一品牌。煎饼项目在众筹阶段积累起来的人气，媒体的宣传，再加上“黄太吉”对人们传统意识的颠覆，让“黄太吉”成为众人追捧的对象。“黄太吉”的粉丝效应，一度使其创造了煎饼界的销售奇迹。每一家“黄太吉”店门口常常都会排起长长的队伍，这些人除了品尝这家店面的煎饼果子之外，更多的是想一睹煎饼创造的奇迹。每个人都要拿着煎饼拍照合影、上传、晒朋友圈，这也不断扩大着“黄太吉”的影响力。仅仅在第二年，风投就为这家煎饼果子店开出了 1400 万元人民币的估值。

面对未来，赫畅充满信心。他表示自己年销售 1 亿套煎饼果子的目标很快将变为现实，自己接下来的目标是打造一家百亿级的国内传统美食街巨头。

“黄太吉”只是国内著名众筹平台“天使汇”众多成功项目当中的一个。成立于 2011 年 11 月的“天使汇”是国内首家股权众筹网站，成就了很多著名的项目。热门软件“嘀嘀打车”“下厨房”“大姨妈助手”等均是在“天使汇”完成首轮融资的。

诸多有利因素，让起步虽晚的中国众筹，大有“后来者居上”的势头。根据权威机构的预测，到 2025 年，世界发展中国家的众筹融资总额将达到 960 亿美元，其中 500 亿美元将由中国创造。这份预测也显示，国际专业金融领域对中国众筹事业充满信心。

随着国人对众筹这种融资方式的越来越认可，今后国内将有更多的互联网众筹平台诞生，这些平台也将造就更多的优质项目。中国互联网众筹的春天，才刚刚开始。

知识链接　国内股权内众筹平台融资总额排行 TOP10（截至 2014 年 9 月）

排名	平台名称	创建企业	融资总额
NO.1	天使汇	北京天使汇科技有限公司	3 亿元人民币
NO.2	大家投	深圳市创源网络有限公司	2069 万元人民币
NO.3	天使基金网	上海宝投网络科技有限公司	1373 万元人民币
NO.4	天使客	深圳安奇克拉投资有限公司	1099 万元人民币
NO.5	人人投	北京飞度网络科技有限公司	990 万元人民币
NO.6	天使街	北京天使街网络科技有限公司	500 万元人民币
NO.7	爱合投	深圳合投在线电子商务有限公司	350 万元人民币
NO.8	伯乐合投	宁波伯乐遇马网络科技有限公司	138 万元人民币
NO.9	创微网	成都橙岛创微科技有限公司	74 万元人民币
NO.10	创投圈	天使会和创新工场	不详

1.3.2 读懂债权型众筹

债权式众筹是指投资者对项目或公司进行投资，获得其债权，未来获取利息收益并收回本金。它诞生于互联网崛起的背景下，是民间借贷方式的一种创新和延伸。债权式众筹中，借款人不再需要通过银行等金融机构去借钱，而仅仅通过互联网平台直接对接投资者即可完成借款。

这种融资模式摆脱了中介机构的繁杂冗长的手续流程及中介费用，而且其借款方式相对于传统机构，也更为透明和便利。比如在银行，实际出款人只能作为储户将钱存入银行，他们获得的是很低的利息。而此时，银行便成了实际的借款方，他们再以较高的利息将储户存在银行的钱给融资人。在这一融资过程中，银行充当的是中介机构的角色，除去支付给储户的利息，银行实际上成了最大的受益方。

而随着互联网平台的诞生，实际出资人和融资人有机会实现“零距离接触”。出资人让自己成为真正的借款人，而不需要被银行等金融机构作为中介来赚取差价。对投资人来说，这种“金融脱媒”的投资渠道能够实现彼此自身利益的最大化。

便捷自助的操作方式、低廉的费率，双赢的利率和具有差异化的定价机制等优势，让债券式众筹这一融资模式迅速崛起。由于门槛较低，因此债权式众筹成为很多发展较稳健的中小企业的重要融资渠道。在国内，债权式众筹的比重分布如下表所示。

债权式众筹的比重	
众筹用途	所占比例
企业的运营和发展	54%
能源与环保	25%
社会事件	13%
艺术	4%
音乐和唱片	4%
NO.10	创投圈

P2P 网贷好处多

P2P 网贷是英文 person-to-person 的缩写，意为个人对个人，又称点对点网络借款，是一种将小额资金聚集起来借贷给有资金需求人群的一种民间小额借贷模式。P2P 网贷的诞生对国内融资环境的提升具有巨大作用，其具体的好处有以下几点。

第一，审批效率更高。

虽然很多平台依然担任中介作用，但其为借款方提供的渠道是十分通畅的。一般情况下，将能不能获得贷款的决定权直接交给实际的贷款人，它们不会像传统的融资中介那样设置众多限制，大大简化了审批流程以及准入门槛。一些 P2P 网贷平台甚至还担任了还款的责任，这对借贷双方来说，无疑都是一大福利。

第二，融资模式多元化。

在 P2P 网贷融资模式下，借款方既可以是企业，也可以是个人，既可以是为了业务的发展，也可以是为非盈利性的公益事业筹资。只要借款人认可，就可以在这些平台上募集资金。根据具体情况的不同，众筹平台可能提供利息也可能不提供利息。

第三，借贷方式灵活性。

借贷关系可以说是金融市场中最常见的行为。随着 P2P 网贷融资模式的兴起，大大简化了传统借贷的复杂流程。在 P2P 网贷融资模式下，双方间在签署协议时，只需双方认可不违反法规就可以达成，具有较大的灵活性。

国内 P2P 网贷的操作步骤

P2P 网贷虽然比传统借贷方式的门槛低，过程简便，但其依然需要经过完整和严格的借贷流程。一个正常的 P2P 网贷，必须要有投资人、融资人以及众筹平台三方的参与。在参与过程中，三方都要履行自己的职责，以确保整个流程紧密连接，不出现缺失和遗漏。

严格遵守流程是 P2P 网贷规避风险的重要方式。对投资人来说，虽然 P2P 网贷式的投资方式让他们在理论上获得更大的收益，但缺少了银行这样的中介机构把关，他们的投资充满着风险。因此，在操作过程中，投资者必须要密切关注包括自身在内的三大参与者对各个流程的落实是否到位，将自己的投资安全放在第一位。下表为 P2P 网贷的操作流程：

参与方 操作流程	投资人	融资者	P2P 平台
第 1 步	在 P2P 平台上进行用户的注册	在 P2P 平台上进行用户的注册，为自己的融资项目发起众筹，并提交相关的资料给平台进行审核	对整个融资项目进行审核，从中筛选出优质项目，并将它们在平台上发布

续表

第 2 步	对各融资项目进行评估，对心目中的优质项目进行投资	等待投资者的投资，并根据实际情况及时调整众筹方案	对发起人的信用等资质进行审核，通过之后发布其需求
第 3 步	选中投资的项目之后，可以与项目发起人签订电子合同	收到贷款之后，决定是否进行二次担保	在项目融资满额之后向发起方拨付款项，并进一步要求项目发起方提供信用担保，持续关注项目进度，对相关风险进行监控
第 4 步	到期收回本息，支付平台手续费用	贷款到期之后，偿还本息	项目成功之后，按规定收取一方或者两方的费用，如果项目违约，需要对债务进行追讨，按照约定要求项目发起方进行款项赔付

对项目贷款利率与金额的确定

就像日常生活中的民间借贷一样，投资人需要“看人借钱”。即要根据借款风险的大小来确定贷款的利率和金额。一般情况下，信用好、还款能力强的贷款方，其利率可以定得较低，借款的数额较高。反之，利率可以定得高一点，而借款的额度可能会比较低。

那么如何判断贷款方的融资信用及还款能力呢？除了投资人自己进行判断外，还需要着重借助 P2P 网贷平台相关的匹配信息、支持工具及后续服务等，通过制度化和专业化的审核评价体系，来帮助投资人确定融资者在借款到期后，是否具有按时足额还款的能力。

按照国内 P2P 网贷发展的现状和特点，P2P 网贷平台对借款方的信用和还款能力的审核与评价一般分为线上和线下两部分。线上部分是指，在 P2P 网贷平台的协助下，投资人可以获得融资者的身份信息、学历信息、视频认证、联系方式（手机、固定电话、QQ 号等）以及其前期在该平台上的融资信用的表现信息。这些信息将为投资人判断投资风险大小提供依据。

线下部分是指，包括融资者的房产等固定资产以及收入状况等信息，这样能够对投资人的风险评估起到辅助作用。

在国内征信系统并不完善的情况下，很多 P2P 网贷平台更注重对融资者的线下信息进行考察审核。根据线下信息来制定投资风险的大小及借款的利率，风险越大，利率则越高。当然，如果风险过高，投资人则会放弃投资。

此外需要注意的是，按照国家规定，投资人设定的贷款利率最高不得高于银行同期利率的 4 倍，否则将被视为非法集资，这也是投资人和 P2P 网贷平台在贷款利率的设置上需要特别注意的地方。

知识链接　P2P 网贷与众筹的区别

P2P 网贷与众筹之间有很多不同之处，具体介绍如下。

首先，在融资人的资质审核上，众筹的项目发起人必须先将自己的产品及自己的项目创意最大程度地展现出来，才可能通过平台的审核。而 P2P 网贷平台则更看重借款人的一些可证明自己还款能力的资质。

其次，众筹是以项目发起人的身份，号召投资者参与产品的生产、推广等过程，从而获得更好的反馈。而 P2P 网贷面向的范围更大些，它是针对有资金需求的个人和企业，投资者所投入的资金主要是用于一些有经济能力的借款人或企业的日常开支。

最后还需指出，众筹的投资者得到的回报很多时候都是项目的衍生品或者预支相关的产品，而 P2P 网贷投资者所得到的回报就是利息收益，这也是两者最大的区别之处。

1.3.3 天使投资在中国

严格来说，天使投资是与众筹十分接近的投融资方式。天使投资之所以有这样一个“温暖”而“神圣”的名字，就是因为对很多刚刚起步的项目来说，在天使投资的平台上往往能获得前期生存的第一笔资金。

在互联网发展的背景下，尤其是众多互联网众筹平台的建立，让天使投资越来越与常规的众筹方式逐步走近。甚至很多人会将众筹平台上一个个投资人也当成天使投资人。比如著名的国内互联网众筹平台“天使汇”好像就是在展现这种理念，众筹平台成了一个天使汇聚之地。

图 1.3.3-1　国内首家天使众筹平台天使汇

实际上，很多人的天使投资对象是自己身边的亲朋好友，这也与众筹的模式相近，比如很多人的众筹项目是在朋友圈当中发起的。

众多趋同的理念，让众筹平台可以很容易地整合天使投资。也就是说，天使投资人在众筹平台上，为那些需要资金的项目提供天使投资与传统的线下投资并没有太大差别。

不过严格来说，天使投资与互联网众筹的投资还是有区别的。首先就是天使投资人比起互联网众筹平台上那些普通投资人来说更加专业。

目前，绝大多数天使投资人都是十分专业的。大部分的天使投资人曾经营过自己的“目标投资行业”，也就是说，他们对这个行业十分熟悉，能够对该领域项目的市场潜力做出比较精准的预测。而且更重要的是，一般的天使投资人在投资一个创业项目时，会极力追求自己对项目的影响力甚至是控制力。也许是自己对项目创业者的运作不太放心，因此这些天使投资人还会想方设法参与到企业的运作管理当中来，以确保自己的投资能被用到正确的地方，这可以说是天使投资人与众筹投资者最大的不同。

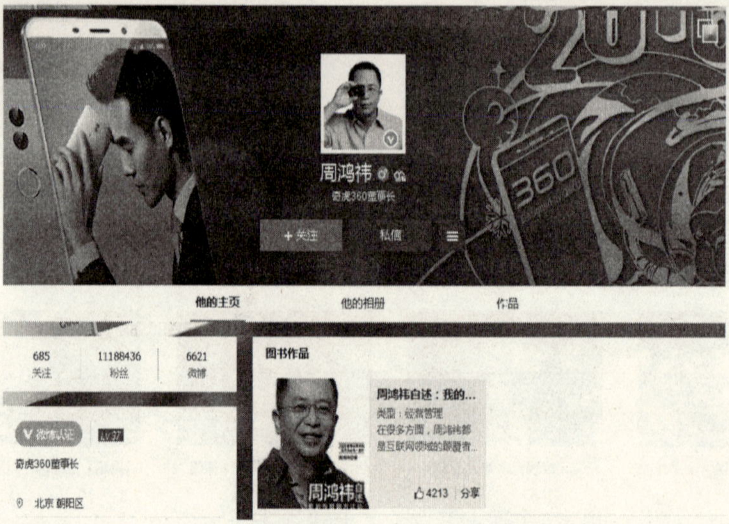

图 1.3.3-2　著名天使投资人周鸿祎

其次，在投资目标的选择上，天使投资选择的主要是刚开始创业的企业，并在投资该企业后，持续关注企业的运作情况，甚至作为企业的重要股东，直接参与企业的决策。

而众筹平台上的投资目标一般是十分具体的项目，或者是单个的产品。众筹投资者对自己投资目标的关注往往集中在项目从发起到融资成功的这个阶段，很少有人对项目融资成功后还持续关注，更不用说参与管理决策了。因为每个投资者只是众多投资人当中的一个，他们投入的资金一般都很低，投资占总资金额的比例很低。哪怕是股权型众筹，持股比例也非常低，无法对企业的管理和决策施加影响。

最后，在投资目的性上，天使投资人的逐利性更强，毕竟他们以盈利为主要目的，而且将自己的投资期望定在一个很高的水平上，即这些天使投资人往往寻求的是高额回报。天使投资人就像有着敏锐目光的老鹰，他们善于在众多创业企业中抓住最具发展潜力的企业。他们懂得用专业的态度进行冷静的市场分析，也会与创业者进行面对面的交流。由此可见，天使投资者的投资不可能完全在线上完成，甚至线下才是最重要的过程。相比较而言，众筹项目的投资人虽然绝大多数是逐利而来，但很多人也会将注意力集中在项目本身的意义上。因为他们都是生活中的寻常大众，对投资的项目并不专业，只是对项目感兴趣，觉得项目有意思，就会进行投资，反正投入的不多，只要获得一点融资回报就行了。至于项目的后期发展，这些人并不会想得太多。

从目前互联网众筹的发展状态来看，平台只能为天使投资人的投资提供一个项目展示或者媒介作用，还无法通过系统机制的设立来确保天使投资整个过程的完成。不过随着互联网众筹的不断发展，天使投资的触角将不断伸向附近的融资领域。其功能也在不断拓展，将对那些原来有区隔的融资模式实现同化。也许在未来的某一天，天使投资将把那些众筹平台当做自己的投资主阵地。

知识链接　何为天使投资

天使投资（Angel Investment），是权益资本投资的一种形式，是指富有的个人出资协助具有专门技术或独特概念的原创项目或小型初创企业，进行一次性的前期投资。它是风险投资的一种形式，根据天使投资人的投资数额以及对被投资企业可能提供的综合资源进行投资。天使投资之所以有这样一个称谓，是因为投资人能够在企业或者项目还没有业务产出的情况下就投入自己的资金。此外，天使投资人不但能给企业提供资金，还将带来专业的管理以及人脉资源，能够对企业的发展提供“全程陪护”。

1.3.4 国内众筹存在的法律问题

自从互联网众筹在我国兴起以后，在各个领域都得到了快速发展。不过由于互联网众筹这种融资模式的前卫性，以及项目发起人操作手法上的创新，常常会出现很多开创性的融资案例。这导致一个问题的出现，即这些项目的手法通常会触及我国法律的盲区。在这种情况下，我国相关司法以及管理部门出于对投资人利益的维护，会对这些众筹项目进行严格的审查、监管甚至直接叫停。一些创业者采用新颖的融资手法发起的融资项目最终因为没有相关的法律为依据而以失败告终。

实际上，由于我国立法机构出于维护投资者利益和严格控制融资风险的考虑，对于各种融资行为尤其是民间融资行为，在立法上比欧美等发达国家相对保守，很少能出台具有前瞻性的法律法规，常常是“出了事情才出手”。而且只要是没有明确法律支持的融资模式，监管部门一般都是从严审查和监管，甚至像美微事件那样直接喊停。这带来的结果就是，很多相仿欧美模式的国内互联网众筹发起人“不知不觉就犯法了”，最终因法律问题导致项目的流产。

此外，由于众筹本身流程的粗糙，以及项目发起人在制定融资规则方面缺乏经验，融资过程中常常会出现纠纷。最终因为投资者与筹资人之间的纠纷，或者因监管部门的介入而导致项目众筹的失败。这给项目以及项目发起人带来巨大的潜在风险，有专业人士曾直言不讳地指出：“对于互联网创业者来说，创业失败了大不了损失一点钱，哪怕赔得倾家荡产也还有机会东山再起，而像互联网众筹项目发起人这样的互联网金融创业者，一旦不小心触犯了法律，那面临的很可能是牢狱之灾。”由此可见，互联网众筹这种看起来十分具有创新性甚至很有意思的融资模式，其背后却蕴藏着巨大的法律风险。

具体来说，互联网众筹这种融资模式主要将会面临以下法律风险。

刑事法律风险

互联网众筹很容易蜕变成非法融资，即被界定为非法吸收公众存款和融资诈骗。我国刑法对于民间融资监管是非常严格的，并且对非法集资做出了严厉的处罚。国家对于非法集资的一个最重要界定方式就是融资人是否制定了超过法律规定的高利息作为融资条件。

目前，国家法律明确规定，社会或者民间融资的利息不得超过同一时期各银行最高标准的 4 倍，否则将被视为非法融资。对于非法融资行为，相关法律规定，个人融资规模超过 20 万元或者融资对象超过 30 人；企业和机构融资规模超过 100 万元或者融资对象超过 150 人的都将面临刑事处罚。并不是一些人所认为的只要是私下融资而且集资对象不超过 200 人就行（实际上那是非法证券类犯罪）。

在众筹当中的债权类众筹可以说是最容易触犯非法集资类犯罪的，尤其是其中的非法吸收公众存款罪，更容易成为众筹稍一出位就会陷入的法律困境。

如果采用资金池的方法吸收大量资金，为平台所用，或者转贷他人获取高额利息，则该类债权众筹存在极大的法律风险。一旦达到刑事立案标准，则可能涉嫌非法吸收公众存款罪。如果债权类众筹虚构项目，将吸收的资金挪作他用或者用于挥霍，或者卷款跑路，则该类债权众筹涉嫌集资诈骗罪。

国家对非法集资的打击力度是很大的，比如非法融资当中的诈骗集资罪其最高的处罚可判处死刑。

众筹案例 吴英非法融资案

2012 年 5 月 21 日，引起社会广泛关注的吴英集资案在浙江省高院开庭。法官宣读了吴英的审判结果：被告人吴英于 2003 年至 2005 年在东阳市开办美容店、理发休闲屋期间，以合伙或投资等为名高息集资，最终因经营不善等欠下巨额债务。为了偿还欠下的巨额债务，吴英继续通过非法手段向社会融资。2005 年 5 月至 2007 年 1 月间，吴英以给付高额利息为诱饵，先后从林卫平等 11 人处非法集资人民币 7.7 亿余元，这些钱被吴英用来偿付集资款本息、购买房产等，实际诈骗金额为 3.8 亿余元。浙江高院经重新审理后，以集资诈骗罪判处吴英死刑，缓期二年执行。

民事法律风险

众筹除了可能会面临前面所说的刑事法律风险外，由于众筹天然存在的大众参与集资模式必然涉及人数众多，这必将导致大家利益安排不一致，关切点也不尽相同。再加上众筹是一种十分简单的融资模式，其本身的环节和流程或多或少存在漏洞，这也容易导致投资者和融资者之间产生民事纠纷。众筹当中的民事纠纷主要涉及以下几个方面的内容。

众筹中常见的民事纠纷

纠纷类型	纠纷内容
合同违约纠纷	众筹最可能存在的合同违约主要表现在，产品质量不符合约定，交货期不符合约定，不能如期提交约定回报结果，不能如期还款造成的债务纠纷等
股权争议	股权类众筹还可能引发股权纠纷及公司治理有关的纠纷。此外，对于采取股权代持方式的股权类众筹，还可能存在股权代持纠纷等
退出纠纷	股权类众筹还涉及一个退出问题，如果没有事先设计好退出机制或者对退出方式设计不当，极容易引发大量的纠纷

由此可见，作为互联网的参与者，尤其是众筹的项目发起方，在进行众筹项目的运作过程中，首先要考虑的就是绝不能触碰国家制定的法律红线。在模式设计上，需要严格履行有关法律手续，完善有关法律文件，设定好众筹规则，将每一个操作流程进行细化，依法行事，步步守法。然后用一个个法律文件固化下来，保证众筹的顺利进行，避免不必要的民事法律争议发生。一旦发生纠纷，在极度开放的互联网平台上，对项目的信任问题会很快波及所有投资人，这将直接决定项目的成败。

知识链接　非法吸收公众存款罪和集资诈骗罪

未经人民银行批准，擅自向不特定的社会公众吸收资金，承诺回报的都属于非法吸收公众存款的行为，一旦被查出，将面临严重的刑事处罚。

相比非法吸收公众存款罪，集资诈骗性质要更严重。我国刑法第一百九十二条规定：以非法占有为目的，使用诈骗方法非法集资，数额较大的，处五年以下有期徒刑或者拘役，并处二万元以上二十万元以下罚金；数额巨大或者有其他严重情节的，处五年以上十年以下有期徒刑，并处五万元以上五十万元以下罚金；数额特别巨大或者有其他特别严重情节的，处十年以上有期徒刑或者无期徒刑，并处五万元以上五十万元以下罚金或者没收财产。刑法第一百九十九条规定：犯本节第一百九十二条、第一百九十四条、第一百九十五条规定之罪，数额特别巨大并且给国家和人民利益造成特别重大损失的，处无期徒刑或者死刑，并处没收同财产。

1.3.5 国内各众筹平台的特点分析

众筹的项目发起人要想让自己的项目获得成功，除了项目本身的潜力以及良好的项目包装外，选择适宜的项目发布众筹平台也很重要。

强大的平台首先能在很大程度上确保自己有足够的受众（潜在投资人），这些受众是否优质。另外，平台的一些相关运作模式和管理机制也将对项目能否取得成功带来重大影响。如果平台的管理混乱，对项目的发起人以及投资人都会带来损失。

随着互联网在我国越来越普及，众筹在国内也获得了快速发展，各个互联网众筹平台如雨后春笋，纷纷成立。截止到 2015 年上半年，国内互联网众筹平台超过 235 家，其中能够正常运行的有 113 家，众筹领域出现真正意义上的百家争鸣的现象。

这种看起来火爆的发展现状也带来了另一个问题，就是众筹领域的纷繁杂乱。毕竟，国内虽然有海量的网民，但会点击各个众筹平台的人只占其中的很少

图 1.3.5-1　众多的人口为国内各众筹平台的发展提供了动力

一部分。真正有投资意识，愿意为这些平台上一些有潜力的项目投资的人更是少之又少。平台太多带来的第一个影响就是分散了投资者的资源，当然，随着该领域的持续竞争，最终优质的平台会脱颖而出，而那些缺乏竞争力的平台将被淘汰。

作为项目投资人，选择正确的平台是项目成功的第一步。因此，在发起项目之前，了解国内各平台的特点很有必要，下面介绍一下国内比较知名的几个众筹平台及其特点。

平台名称	平台类型	成立时间	平台特点
众筹网	综合性平台	2013 年 2 月	众筹网是目前国内最具影响力的众筹平台，也是国内综合型众筹的代表 该平台能够为项目发起人提供融资、投资、孵化和运营的全方位综合型服务。项目在发起之后，众筹网会尽力为项目进行推广宣传，推动项目融资成功。而项目如果失败，平台还会对项目设计进行优化，并进行第二次募资 除此之外，该平台还会将融资的渠道向线下延伸，即向线下的投资机构宣传项目，为资金能够进入项目牵线搭桥。项目成功之后，众筹网还会对企业注册、经营计划的制定、财务管理等方面进行全方面的服务，可以说是天使型的众筹平台
点名时间	垂直类众筹平台	2011 年 11 月	点名时间可以称得上是国内众筹平台的先驱。2011 年 11 月上线的点名时间也是国内最早的一批众筹平台之一。目前，点名时间无论是参与融资的项目数量、筹资成功的项目数量，还是融资总额都是国内垂直类众筹平台中的翘楚
天使街	综合类众筹平台	2014 年 7 月	天使街众筹平台主要为从事于大众消费即生活类服务的创业型企业以及提供融资服务 为了吸引那些非专业投资者找到有市场潜力的项目并从中获得理想的投资回报，天使街众筹平台创立了“领头＋跟投”模式。即由专业的投资人或者机构对各个项目进行市场评估，然后选定其中比较有发展潜力的项目进行投资。其他的非专业投资人则随后跟进，这样能够较好地帮助那些非专业的投资人，让他们避免因为不专业而造成投资失败 该平台按照 2 ： 8 的模式来吸收用户（投资人），即具有投资经验和专业的用户占用户总体的 20%，非专业的用户占 80%。与其他平台不同的是，平台规定这些非专业用户的年薪要在 20 万元以上

续表

平台名称	平台类型	成立时间	平台特点
天使汇	股权众筹平台	2011 年 11 月	天使汇众筹平台是国内最早上线的互联网众筹平台之一，天使汇也是第一家出台互联网众筹项目发起人操作规范的众筹平台，同时也是股权众筹平台当中的代表 长期以来坚持的制度化改革创新让天使汇的运作尽可能展现出了互联网高效与透明的特点
原始会	股权众筹平台	2012 年 12 月	作为网信金融旗下的众筹网站，原始会在国内众多众筹平台中具有较强的专业优势。一方面能够为项目的融资以及企业的创业发展尤其是在资金的运作与财务管理方面提供优质的一站式服务。另一方面，也能帮助投资者发现优质的投资项目 该平台要求投资者对一个项目的投资额不得低于 1 万元
大家投	天使式众筹平台	2012 年 10 月	该众筹平台致力于将天使投资与创业者的私募股权融资相连接 与天使街一样采用“领头＋跟投”的模式。即由专业的投资者（一般为天使投资人）去平台上宣召具有市场潜力的项目，然后按一定比例进行前期投资，然后在互联网上招募投资者，最后形成有限合伙基金入股的投资项目
人人投	股权众筹平台	2014 年 10 月	人人投主要致力于为硬件提供股权众筹融资，是唯一一家拥有《中华人民共和国电信与信息服务业务经营许可证》的股权众筹平台 人人投为用户提供融资服务的对象主要是实体店铺，可以说是那些想要进行二次融资（比如开分店）的项目融资者的首选。项目在发起前需要经过平台的审核，审核通过之后，项目发起人需要为项目注入超过 10% 的资金，并组织线下路演，以吸引投资者的投资，如果在路演过程中没有达到融资目标，则会在平台上开展为期 1 个月的线上融资

通过对上述比较有代表性的互联网众筹平台的对比分析，可以发现，不同的众筹平台其运作模式有较大不同，无论是对筹资者发起众筹项目还是投资者投资，都会有较大的影响。所以说，不管是投资者还是融资者，在利用一个平台之前认真了解这个平台的特质是十分必要的。

知识链接 **目前国内各类众筹平台占比一览（截至2015年上半年）**

平台类型	股权型平台	奖励型平台	综合型平台	公益型平台
平台数量	98 家	67 家	42 家	4 家
平台占比	46.45%	31.75%	19.91%	1.90%

1.3.6 国内众筹 PK 国外众筹

互联网众筹这种新兴的融资模式在我国诞生之后，得到了快速发展。截至 2015 年上半年，国内的互联网众筹平台已经达到 211 个，其中有 53 个是 2015 年上半年上线的。据《2014 年中国众筹模式上半年运行统计分析报告》中的数据显示：2014 年上半年，国内有 1423 个项目通过众筹成功募集到所需资金，募集资金总额为 18791.07 万元，该资金大多来源于民间资本。其中，股权类众筹项目为 430 起，占总项目数的 30%，募集资金 15563 万元，占总资金的 83%；奖励类众筹项目 993 起，募集资金 3228.07 万元。股权类众筹中，种子期和初创期融资企业占全部股权众筹项目的 96%。2014 年上半年，国内众筹拟募集资金规模为 206876.38 万元，股权类众筹拟募集资金 203617 万元，奖励类众筹拟募集资金 2659.38 万元。从数据中可以看出，我国众筹领域市场是巨大的。

作为后起之秀，中国众筹与国外众筹相比较仍有较大的差距。尤其是在众筹平台的竞争格局发展中，美国似乎已经“尘埃落定”，一些有实力的众筹平台已经脱颖而出，其中最具代表性的是 Kickstarter。该平台到目前为止，已经成功筹集了超过 10 亿美元的资金，这一数额远远超过我国国内所有互联网众筹平台筹集的资金总额。

作为互联网众筹的领先者，美国在短短几年的时间里，众筹平台的数量，平台上项目的种类和项目发起的数量都已相当可观，项目发起后集资的成功率达

40% 以上。2014 年上半年，Kickstarter 平台在成功融资项目的数量、募集资金的规模和参与众筹的人数等方面比我国所有众筹平台众筹项目的总和还要多，很形象地展现我国国内的众筹与美国之间的巨大差距。

两国互联网众筹水平的差距，与国内政策环境、法律制度和人们对众筹的认知程度是相关的。国内各众筹平台应在借鉴国外成功模式的同时，需积极做出改变以适应国内市场环境。政府应尽快完善与众筹相关的法律法规，使众筹有法可依。

专业人士分析指出，美国之所以能够在互联网众筹取得巨大的成就，原因主要有 3 个：首先，美国有着领先全球的金融体系，金融业成为美国经济雄霸全球的支柱性行业。而互联网众筹只不过是美国强大金融业的一部分而已，建立在美国金融发展水平的基础上，美国众筹的发展也就成了自然而然的事情；其次，美国有着全世界最完备的互联网设施和数量庞大的高收入人群，民众有着领先全球的互联网思维，这也为众筹的发展提供了坚实的基础；最后，美国有着比较完备的法律保障，著名的《乔布斯法案》的颁布，为众筹的发展插上了腾飞的翅膀。2012 年年初由奥巴马总统签署颁布的《促进创业企业融资法案》，为创业企业通过互联网融资提供了条件，正式确立了众筹的合法化地位。该法案给众筹提供了新的监管思路，即从简单以强制项目发起人披露个人及项目信息转向设定投资者投资上限，将众筹平台和项目发起人列为监管对象等多种措施并行。这样一方面降低了企业融资的门槛，同时也对投资者进行了很好的保护。

为了解决众筹无法通过股权奖励（即股权型众筹）来吸引投资的问题，美国的立法机构对 1933 年的《证券法》进行了修改，增加了适当减少筹资成本的条款。这种法律上的修改同样对美国众筹的发展提供了重要动力，目前股权型众筹已经成为众筹领域最流行的模式就是很好的证明。这些法律上的扶持对美国互联网众筹的发展带来的影响将是重大而深远的。

以上这三个条件也是目前世界其他国家难以达到的，这也成为美国确保其在众筹领域的全球领先地位的砝码。由此可见，其他国家想要实现众筹的飞速发展，必须要在这三个方面做出努力，即提高国家整体金融水平、提升互联网相关设施的建设、最重要的还是要发展本国经济，提升国民的整体收入。这 3 个条件也是众筹要想获得持续快速发展的必要基础。

1.4 众筹大数据：用大数据解读众筹格局

1.4.1 众筹规模世界版图

在互联网的支持下，众筹目前已成为世界最热门的金融创新形式。作为新时代众筹的起源地，美国借助其先进的互联网发展水平为众筹的兴起提供了优越的发展土壤，目前是众筹领域的领先者。

此外，随着互联网的不断发展，互联网众筹开始向加拿大、欧洲等地迅速发展，中国等新兴市场更不可小觑。

为此，世界银行对全球的众筹市场进行了调查统计。数据显示，2013 年全球众筹市场的融资总额达到 51 亿美元，其中欧美市场占 90%。调查还显示，自 2008 年世界经济危机爆发以来，中小企业面临普遍的融资困难，而《乔布斯法案》的出台为众筹的发展奠定了坚实的基础，众筹借此获得了飞速发展。2009 年，全球众筹市场的融资总额为 5.3 亿美元，到了 2012 年，这一数字达到了 27 亿美元，其年均增长超过 60%。而据中国电子商务研究中心 (100EC.CN) 监测数据显示，2014 年全球众筹交易规模预计达到 614.5 亿元，也就是接近 100 亿美元的规模，而国外专业机构统计的这一数据更是高达 162 亿美元，2015 年，全球众筹融资交易规模达到了 1123 亿元人民币。由此可见，众筹在全球的发展基本延续了前几年的增长势头。

根据专注于互联网众筹领域调查研究的 Massolution 统计数据，目前世界能够正常运转的互联网众筹平台在 800 家左右，而且其中有很多平台都是在最近几个

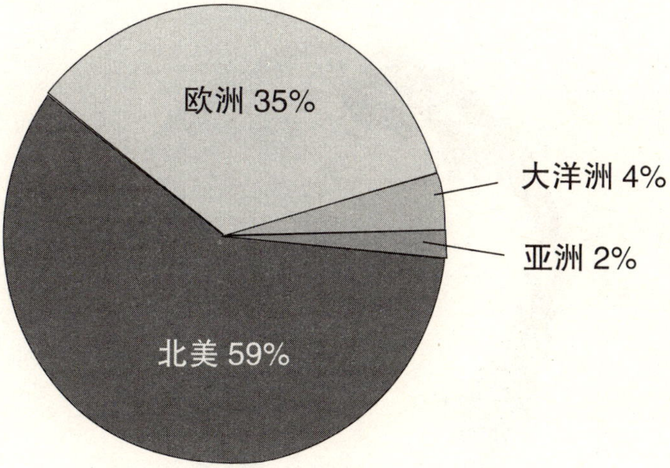

图 1.4.1-1　全球众筹资金总量分布图

月内上线的。最新的众筹平台往往关注垂直行业，比如房地产、新闻、体育、食品、硬件以及生物技术。

目前，北美地区依然是众筹领域绝对的领先者，其众筹融资总额占到全球的60%。此外，在众筹平台的数量方面，美国以超过 340 家的数量稳居世界第一，中国以 113 家排在第二，英国和法国则以 87 家和 53 家分列第四位和第五位。

1.4.2 众筹市场的未来展望

作为科技发展的产物，互联网众筹这种当今新型的融资方式也在发展，并随着时代不断革新，以便能更好地适应各个时期的社会和市场需求。

平台服务更加专业

互联网众筹相对于传统的投资来说，其最重要的特点就是投资额比较小，因此风险也相对较小。互联网众筹兴起以后，很多“非专业”的投资者都来感受这

图 1.4.2-1　全球浪潮

种新兴的融资模式。但随着这种新鲜感的逐渐退去，投资者的心理也归于理性。对那些自己不了解的项目，或者对其投资收益没有信心的项目，就会犹豫甚至拒绝投资。正因为如此，用专业和有经验的投资人帮助这些“非专业”的投资人选项目将越来越重要。平台的专业化主要体现在以下两点。

第一，领头＋跟投。

实际上，现在很多平台都开始设置“领头＋跟投”模式，即在众筹过程中有一位经验丰富的专业投资人作为“领投人”，其他人跟着领投人选择跟投。很多平台以此来吸引广大的“非专业”投资人。

第二，专业化的服务。

此外，专业化的服务对项目发起方来说同样十分必要。很多初次创业者其项目或者创意虽然具有很大的市场潜力，但并不知道如何设计自己的项目去吸引投资者，或者在融资成功之后不懂得如何去合理运作自己的项目或者企业。对于这样的项目发起人，有的平台会招募专业的众筹专家帮助这些人撰写专业的项目文案，拍摄具有吸引力的图片和视频，甚至利用平台拥有的关系网为项目吸收更多的投资者。虽然一般情况下，这些平台会额外收取一笔费用，但对项目发起人来说，这绝对是收获大于付出的超值服务。

随着众筹市场的不断成熟，更加专业化的服务将越来越成为一个优质平台的必备要求，专业化也势必将成为今后各大众筹平台竞争的焦点。

传统企业也可以众筹

目前，在众筹平台发起项目的绝大多数还是具有创意的初创型企业和高科技企业，一般的项目往往只能筹集到刚刚能满足项目初期运作的费用。正因为如此，众筹对那些已经比较成熟的大型企业来说似乎没有多少吸引力。不过随着各个众筹平台汇集的投资人越来越多，甚至很多拥有大量资金的专业玩家也开始涉足这些平台，互联网众筹对这些成熟的大型企业的吸引力也越来越大。一些大型企业也开始尝试为企业的某些项目发起众筹，这一方面可以从中筹集到资金，同时也能很好地为企业和产品进行宣传。有的企业为了让自己显得另类，常常会借助旗下的新兴或者高科技项目发起众筹。其中比较著名的例子就是日本的索尼公司为其一款名为 E-Ink 的概念表发起众筹时，就不是以索尼公司作为项目的发起方，而是旗下一个专门开发高科技穿戴设备的部门。随着众筹的包容度越来越高，传统的企业也可以“光明正大”地放在平台上发起众筹了。

众筹将成为风险投资者的试验田

每一个众筹项目的成功，可以说是广大投资人集体智慧的一种选择。正因为如此，很多平台不会对众筹项目进行特别严格的资质审查，而是直接将决定权交给广大的投资人。随着众筹平台上的优质项目越来越多，很多风险投资人也开始将自己的目标转移到平台上，而且还用众筹作为自己的试验田。

如果该项目众筹成功，那么就证明该项目是比较理想的投资项目，因为这至少证明广大投资者认为该项目是具有市场潜力的。这些投资者同时也是消费者，项目的成功也意味着项目衍生出的产品或者服务是有市场的。有些风险投资人甚至会以项目众筹成功作为投资的先决条件，要求该项目或者企业在获得投资之前先到众筹平台发起众筹，只有众筹成功之后才会提供融资。

根据相关机构的调查，一些众筹成功企业在线下获得了大大超过众筹融资金额的风险投资。由此可见，众筹对于企业以及风险投资人来说，都是一块重要的试验田。

股权众筹将越发红火

众筹领域的越发成熟，让投资人越来越走向理性和专业。他们不再满足于凑热闹和小打小闹，而是越来越希望参与到项目的长远发展当中去，并从中获得长远的回报，股权众筹就较好地满足了投资者的这种需求。这种用股权换融资的众筹模式能够将项目与投资者更紧密地联系在一起，也更有机会吸引大额投资和专

图 1.4.2-2　全球众筹未来发展趋势

业投资者的加盟（例如天使投资），这些投资人由于利益的捆绑，会在企业成长的过程中为企业带来更多的建议和帮助，比如人脉资源甚至是专业化的运作管理。由此可见，股权型众筹这种复合众筹时代发展的类型会越来越红火。

图 1.4.2-3　全球众筹的金钱版图

互联网众筹自诞生之后，就走上了持续快速发展的道路。据专业机构预测，2016 年，全球互联网众筹的融资总额将由 2015 年的 1123 亿元人民币上涨至超过 2000 亿元人民币的规模。到 2025 年，全球众筹融资总额将达到 2000 亿美元，其中发展中国家众筹融资总额将达到 960 亿美元。

在未来，新兴国家和地区将成为众筹继续快速发展的重要助推力量。尤其是中国，快速发展的互联网产业以及国民收入的快速增长都将为众筹的发展提供坚实的基础。有机构预测，中国 2025 年众筹融资总额将达到 500 亿美元，也就说将超过全球众筹融资总额的 50%。虽然这只是一个设想，但也反映了专业领域对众筹市场的前景充满信心。

知识链接　2014 年国内最受欢迎的 10 大众筹项目

项目排名	项目名称	项目特点	筹资金额（元）
NO.1	极米智能投影仪	一款能支持 Wi-Fi 和老式有线电视的智能投影仪	2600000
NO.2	iBall and Skea 智能缩阴哑铃	iBall 和 Skea 可以通过蓝牙连接 Kegel 教练，帮助女性锻炼骨盆肌肉	2000000
NO.3	星球系统胶囊咖啡机	一款速溶饮料调制器，可以调制 18 种球形胶囊，让你随时随地饮用各种饮品	590000
NO.4	Ghost 智能飞行器	世界上最简易的无人飞机，跟踪、监控无所不能	347000
NO.5	ONEpiano 智能钢琴	可与电脑连接、功能强大的智能钢琴，是自学者和初学者的最爱	240000
NO.6	Snail 小蜗牛 USB 数据线	经久耐用，能确保数据线不会缠绕在一起，还能吸附在墙上和让数据线保持直立	178000
NO.7	Ki 无线车载麦克风	该产品可以通过蓝牙与手机的卡拉 OK 功能，让用户在车内也能享受 K 歌的愉悦	153000
NO.8	PP Gun 射击游戏周边设备	能与平板电脑相连接，与超过 24 款射击类游戏兼容，能享受到逼真的射击体验	106000
NO.9	Finltop 智能家用卡片式心电仪	将手指放在感应器上，就能显示出自己的心电图读数，还可以将数据发送到手机上，以便能随时咨询医生了解自己的心脏机能	66100
NO.10	Levi 磁悬浮音响	参照了列车的磁悬浮技术，让你享受炫酷的听觉体验	53300

Part2

全接触：深度透视玩转众筹

2.1 众筹类型：了解它们，才能用好它们

2.1.1 募捐型众筹：慈善也很火

深处互联网时代的大潮中，世界各地每天发生的事都可以通过互联网传递给所有的互联网用户。由于有了众多的互联网众筹平台，再加上每个人能够了解到的各种事故和灾难的消息越来越多，因此很多人都开始为自己关心的那些需要帮助的人们发起网上捐款，这也促进了募捐型众筹的快速发展。

互联网带来的图文甚至是视频的全方位介绍，更容易拉近潜在投资人与受捐赠人或者实物之间的距离。比如在传统领域当中，有人为某个事故当中的受害者发起募捐活动，那么千万里之外的人有可能不会响应，因为他们之前并不知道这件事，无法做到感同身受，对这次募捐的意义不会有太深刻的认识，即使在千万里之外的国外有人愿意提供募捐，捐款也十分不方便。

互联网能够做到的就是将全球的互联网用户联系在一起。只要有网络的地方，不管在世界上哪个地方发生的事情，对广大的网友来说，与自己周围发生的事情并没有两样。此外，世界上一些国家还建立了专门的募捐或者公益性质的互联网众筹平台，这也为项目发起人与慈善人士建立了良好的平台。想要发起募捐型众筹的人可以到这个平台发起项目，他将获得更优质的投资者资源，因为关注这些平台的都是愿意为那些不幸的人遇到的事故或灾难提供帮助的人。实际上，募捐型众筹是一个社会覆盖十分宽广的众筹模式，任何领域当中的事物和人都可以成为募捐型众筹的受益方。

众筹案例　众筹向更广泛的领域推进

医疗事故众筹

美国当地时间2013年4月15日，美国波士顿举行的马拉松比赛现场发生了震惊世界的爆炸事件，造成上百人死伤。爆炸事件发生后，美国国内的民众为在事故中受伤的发起了募捐。其中名叫科伦母女就是其中的受害者，她们的家人也就是这位母亲的小女儿参与了这次马拉松比赛，当两人在终点站等待家人时，爆炸案发生了，母女俩当即受了重伤，虽然通过治疗已经脱离了生命危险，但治疗花费的费用以及后期康复的费用给这个家庭带来了沉重的经济负担，为此，母女的亲人在互联网众筹平台GoFunME为她们发起了一个康复基金项目的众筹，众筹的融资目标为100万美元，仅仅到了4月22日，该项目就获得上万网民的捐款，捐款总额达到80万美元。

GoFunME是美国国内著名的募捐型众筹平台，相比其他众筹平台各方面的严格限制，GoFunME显得十分人性化，它既没有时间以及最低目标金额的限制，这样可以尽可能为那些需要帮助的人和项目获得帮助。因此，在该平台发起项目最多的是就是医疗方面的项目。

此外还有教育费用以及为旅游筹集费用，基本上都是捐赠性的众筹，平台会收取项目获得捐款金额的5%作为手续费。

知识链接　募捐型众筹各行业占比

行业和领域	融资额占比
社会公益	18.2%
商务创业	16.3%
影视及艺术演出	17.9%
音乐	12.1%
时尚设计	8.3%
其他行业和领域	27.2%
数据来源：速途研究院	

2.1.2 回报型众筹：公平的买卖最受青睐

回报型众筹也叫奖励型众筹或者预购式众筹，是指众筹的项目发起人为了鼓励投资者的积极性，会对投资者释放一些红利，其中最主要的就是在使用该项目所包含的产品和服务上面享有特殊权利。比如那些为电影发起回报性众筹的项目，会承诺给予投资者免费或者以优惠的价格看电影的奖励，这种模式往往能很好地吸引投资者。

回报型众筹的两大代表性平台

回报型众筹可以说是我国目前最受欢迎的众筹方式，在国外同样如此。这种形式的众筹项目发起平台产生了两个代表，它们就是 Kickstarter 和 IndieGoGo，其中的 Kickstarter 也是目前世界上最具影响力的互联网众筹平台之一。相比 Kickstarter，IndieGoGo 影响力相对较小，筹资的规模也不如前者，但它上线的时间更早。早在 2008 年，IndieGoGo 就已经上线运营了，这也在一定程度上验证了回报型众筹的市场生命力。接下来详细介绍一下两大代表平台。

Kickstarter 的成功同样如此，除了很多人认为的运气成分，Kickstarter 的成功很大程度上依然要归结于回报性众筹这种众筹模式的受欢迎度。Kickstarter 自

2009年在美国上线以后，其发展就一直十分顺利，仅仅从上线到2013年12月底，这个平台就已经成功帮助项目发起人筹集了超过9亿美元的资金，成为全球众筹平台之冠。

Kickstarter的横空出世

Kickstarter于2009年成立于美国，由华裔投资者陈佩里（Perry Chen）、查尔斯·阿德勒和燕西·斯特里克勒联合创立。该众筹平台筹资的期限为1～60天，而且采取"全部或者零"的筹资原则，即如果项目发起人不能在众筹期限内筹集到预设的资金额，则被算作项目失败，筹集到的所有资金将全部返还给投资人。

此外，该平台还设置了比较严格的管理模式，所有想要在这一众筹平台上发起众筹的项目创建者都需要通过严格的审核，审核通过之后，才能发起众筹。这一项目管理模式要求众筹发起人的项目必须符合以下三个方面的要求。

第一，项目的性质要符合该平台规定的13个大类别，这13个大类别分别是：艺术、漫画、舞蹈、设计、时尚、影视、事物、音乐、游戏、摄影、出版、技术及喜剧。其中还包含36个小类，此处不一一细述了。

平台规定，只有符合这13个大类别，才能通过审核，获得发起项目的资格。

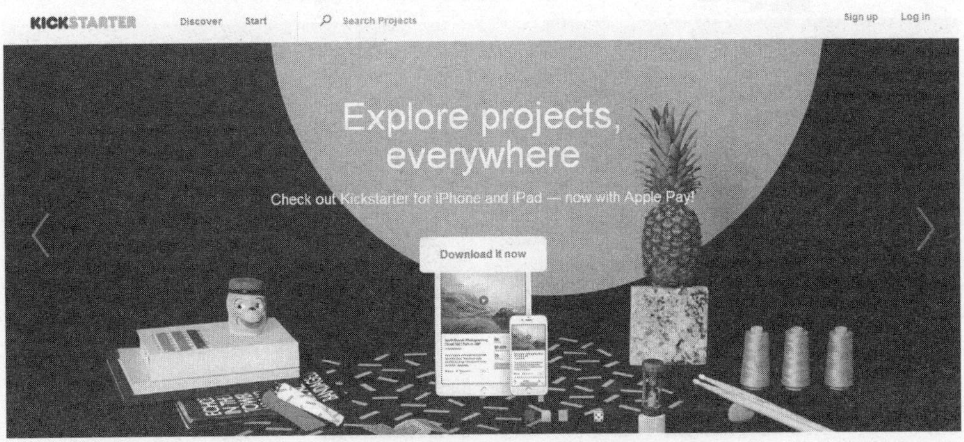

图2.1.2-1 世界知名的众筹平台Kickstarter

第二，平台有很多禁止行为，例如慈善以及广告宣传。项目发起人必须要要确保这些禁止行为不在项目中的发起过程中出现，才能通过审核。

第三，平台对于硬件类和实物设计项目还有额外的要求，例如不能用照片或者效果图来模拟和演示产品，需要实物原型和生产计划。

这些看起来有点严苛的管理模式，却让这家平台获得意外的发展。虽然上线的时间并不久，却很快从众多的互联网众筹平台当中脱颖而出，成为全球最具有影响力的众筹平台之一。

两大回报型众筹平台的对比

相比 Kickstarter，另一个回报型众筹平台 IndieGoGo 看起来似乎更加低门槛和人性化。IndieGoGo 和 Kickstarter 有一些显著区别，具体介绍如下。

比如，在收取手续费方面，Kickstarter 的手续费是 5%，而 IndieGoGo 是 4%。还有一个关键性的筹资模式的对比，那就是 Kickstarter 采用的是“全部或者零”，而 IndieGoGo 除了这种模式之外，还有一种“弹性计划”可供选择。也就是说，选择这种筹资模式的项目创建者，哪怕在限定时间内没有筹集到预定的金额，

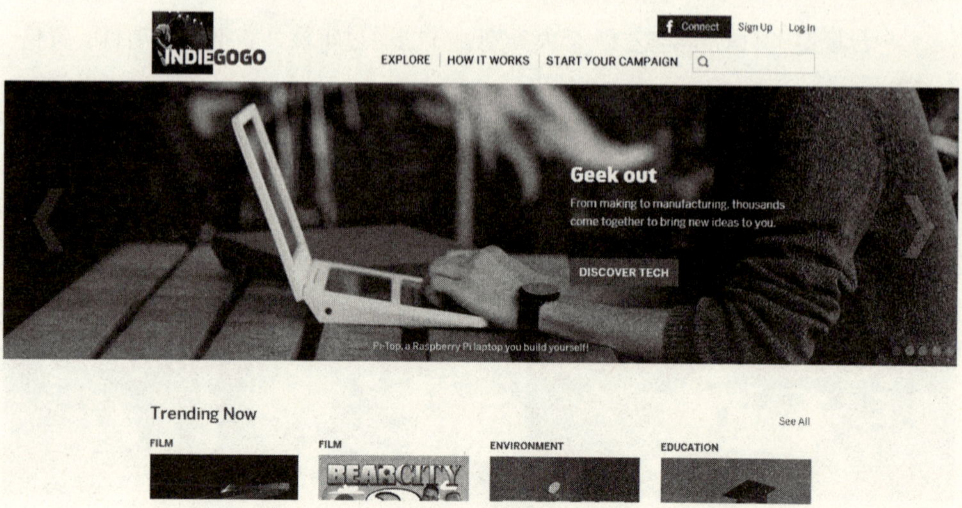

图 2.1.2-2　回报型众筹代表之一的 IndieGoGo

也可以收到这部分筹集到的资金，只不过平台的手续费将上升到融资额的 9%。Indiegogo 上还是有不少弹性项目获得成功的例子，比如 James Franco 的 Palo Alto Stories。

此外，在开放规模上面，IndieGoGo 似乎也更具雄心，该平台的业务是向全世界开放的，而 Kickstarter 则只接受美国国内的账户。

在对项目的资格审核方面，Kickstarter 要比 IndieGoGo 严格得多。Kickstarter 设置了一个系统筛选模式，只要没有通过这一管理模式的审核就会被系统自动剔除。而这种太过程式化的资格甄选模式导致一些有潜力的项目也被剔除了，常常会有一些被 Kickstarter 剔除的项目在其他平台受到投资者的追捧。

IndieGoGo 对所有在平台发起众筹的项目不做任何的系统审核，完全将这些项目的市场潜力交给投资者去评判，项目的成败也完全由投资者来决定。

这种没有任何资格审查的制度唯一的缺陷，可能就是让平台产生了很多稀奇古怪的众筹项目，比如为学校足球队的队服、一对夫妇的新生儿、车被偷走的邻居发起的众筹等。

尽管如此，相比 Kickstarter 来说，IndieGoGo 在很多方面更符合众筹的原本的定义。不过出乎人意料的是，即使 IndieGoGo 的“门槛”较低，但其发展则有点不温不火，Kickstarter 的发展反而风生水起。

知识链接　Kickstarter 已成功的项目筹资总额 TOP 10（截止到 2015 年 3 月）

排名	项目名称	融资总额
NO.1	Pebble Time Steel（智能手表）	1515 万美元
NO.2	Coolest Cooler （便携式冷藏箱）	1329 万美元
NO.3	Pebble （智能手表）	1027 万美元
NO.4	Exploding Kittens （智能桌游）	878 万美元
NO.5	Ouya （Android 游戏）	860 万美元
NO.6	Pono music （音乐播放器）	623 万美元

续表

排名	项目名称	融资总额
NO.7	《Veronica Mars》（电影）	570 万美元
NO.8	Reading Rainbow （儿童教育节目）	540 万美元
NO.9	Torment: Tides of Numenera（游戏）	418 万美元
NO.10	Project Eternity （游戏）	399 万美元

2.1.3 股权型众筹：千万小股东聚合成的奇迹

顾名思义，股权型众筹就是企业以一部分股权作为融资回报的一种众筹模式。投资人通过对这些项目进行投资获得该企业相应股权，并从该企业的价值成长中获得未来的长期利益。

股权型众筹是目前全世界最流行的回报型众筹模式之一。相比一般众筹的一次性回报，股权性众筹的收益性更具有长期性，看起来也有很大的回报空间。但另一方面，它也具有较大的风险，毕竟这些股权的价值能不能提升是一个未知

图 2.1.3-1 强大的平台和足够多的支持就能成就伟大的项目

数。因此在国内，极少数众筹平台为投资者进行了担保，不过绝大多数的互联网平台并不提供这样的服务。

在国外，股权型众筹的发展已经比较成熟，一些国家的相关法律甚至已经允许众筹投资人通过众筹的方式成为一家创新性企业的股东甚至是执行。也就是说，投资人可以在众筹平台上对股权型众筹进行大额投资，这似乎也为企业的股权型众筹的发展提供了无限发展的可能。也许在未来的某一天，创业者有机会完全通过众筹的方式成立一家规模比较大的企业。

在欧美国家，已经出现了一些规模较大的专门性的股权型众筹网站，例如美国的Wefunder、AngelList、Crowd-cube，英国的Crowdcube、Seedrs等网站。其中的Seedrs还专门设立了代言人制度，即将众多众筹投资人买入的股票进行集中管理。平台还将此作为一个项目发起了众筹，并成功获得200万英镑的融资。在这一制度下，平台可以作为股东代表，要求企业汇报产品或者项目的运营状况。

在美国，对股权型众筹发展影响最大的事件莫过于《乔布斯法案》的通过，该法案的通过标志着美国政府对股权型众筹的全面认可，甚至对企业发起的股权型众筹项目提供保护，这也进一步推动了这一融资方式在美国的快速发展。

而在国内，股权型众筹的融资模式也在缓慢发展中。最引起国人关注的股权型众筹案例也许就是美微创投的互联网众筹事件。

众筹案例 众筹向更广泛的领域推进

2012年10月5日，淘宝出现了一家店铺，名为“美微会员卡在线直营店”。淘宝店主是美微传媒的创始人朱江，他担任过多家互联网企业的高级管理人员，对互联网的发展有十分敏锐的嗅觉。

美微传媒为投资人设置了多种金额的会员卡，以方便客户购买。当然，这些会员卡不仅能够让购买者获得“订阅电子杂志”的权利，还可以拥有美微传媒100股的原始股份。

仅仅5天的时间，美微传媒的这种凭证式众筹就获得了超过40万元人民币的融资。2013年1月9日，美微传媒又开启了第二轮融资。这一轮融资同样十分成功，共吸引了1191名会员为其提供融资，总融资额超过80万元人民币，两次融资总计达到120万元人民币。

这一在国内股权型众筹历史上具有里程碑式的事件却在业界和民间引发了巨大的争议。

争论的焦点就是，这种行为算不算非法融资。这些争议的结果是全部的交易还没有全部完成，为美微传媒的融资提供平台的淘宝网就关闭了该企业的线上店铺，原因是淘宝网不允许公开募股。

随后，中国证券会也约谈了朱江，并宣布美微传媒的这一融资行为不合规。不过证监会并没有对其进行严厉处罚，只是要求朱江需退还全部的融资，同时提出三点要求，首先是不得进行类似的融资行为；其次是要严格保护现有股东的权益；最后是要向证监会定期汇报企业的经营状况。

在证监会的要求下，美微传媒不得不退还公开募集所得的款项，朱江这次互联网众筹的试水最终以失败告终。

在淘宝上通过卖凭证和股权捆绑的形式来进行募资，可以说是美微创投的一个尝试。虽然因为有非法集资的嫌疑最后被证监会叫停，但依旧不乏可以借鉴的闪光点。主要闪光点包括了：门槛低，即使几百块也可购买。它的问题则是由于缺乏法规的支持，政府相关的监管部门处于管控风险的考虑对这种融资模式加以限制。这也告诉那些想以这种方式众筹的企业在相关政策放开之前，最好在相对小范围的平台筹集资金。比如股东不超过200人，从淘宝这样的公开平台转移到相对更小的圈子。如果希望筹措到足够资金，可设立最低门槛，并提供符合最低门槛的相应服务和产品以吸引投资者。该模式比较适合大众式的文化、传媒、创意服务或产品。

除了美微创投的这种凭证式众筹之外，股权型众筹还包括会籍式众筹，国内著名的3W咖啡采用的就是这种众筹模式。该众筹类型的特点就是企业或者项目背后有一个庞大的股东群体，而且这些股东都是具有影响力和人脉资源的成功人士。比如，投资者购买的不仅是这个企业的股权，更重要的是能够获得进入企业背后的社会精英团体的机会，同时获得更多的优质的人脉资源。

另外一种股权式众筹就是天使式众筹，即将一些有意义的慈善项目进行商业化设计，使其具有产生持续商业价值的能力，同时以慈善作为出发点来吸引社会投资。

比如一个名叫耳目网的众筹项目，就是以慈善作为出发点，通过专业培训，让那些残疾人朋友可以找到适合自己的工作。这种既有慈善意义，又充满商机的项目，吸引的大多是爱心慈善人士的投资。

再加上对出资人几乎不设门槛，所有这种模式又有“全民天使”之称。

还有一种股权型融资就是担保式众筹，即有项目的投资人作为担保人向其他潜在投资人的投资提供担保，一旦众筹在一年之内失败，则担保人全额赔偿投资款。这种股权众筹模式参照了P2P模式，通过担保的方式来帮助项目融资成功。

股权型众筹的优势

作为一种新型的融资模式，股权式众筹相比传统的募股甚至是当今的其他类型的众筹，拥有诸多优势，这些优势也让越来越多缺乏资金的中小企业尝试用它来解决企业的资金问题。相比其他的融资模式，股权式众筹具有以下几大优势。

第一个优势就是能够很好地帮助创业者解决自己的融资问题，而且这些融资不需要用资产进行抵押或者交换。至于股权的分享，对刚刚建立或者极度缺乏资金的企业来说，算不了什么太大的价值。因此，这种融资模式可以说是在没有什么损失的情况下，就能帮助企业解决融资问题。

第二个优势是能很好地规避风险。常规的融资渠道，比如银行或者其他商业性的融资机构，常常会有高额的利益，这无疑会给企业的发展带来严重的金融风险。一旦企业到了还款期限资金紧张，就会出现难以抽手的资金压力。这种股权型众筹则能让企业无后顾之忧，只要将项目设计好，处理好客户的投资就行了。

第三个优势是其本身具有吸引力。作为一种新型的融资模式，股权型融资由于其前卫和创新性，往往在项目发起众筹之后，会吸引一大批追求新鲜事物的网友成为其潜在投资人，项目本身的市场潜力以及投资风险反而成为次要问题。很多投资者看中的则是获得一家具有增长潜力企业的原始股，这也让股权型众筹拥有了较高人气。

第四个优势是能建立广泛的人际关系。股权型众筹在项目发起后，除了立即为项目提供融资的投资者之外，项目周围还有一群潜在投资人，这些人都将成为企业或者项目的铁杆支持者。他们出于各种原因，没有立即对项目进行投资，但依然会持续关注项目或者企业的后续发展情况。一旦项目最终符合自己的期待，这些人就可能进行后期跟进。哪怕这些潜在的投资人最后并没有对项目投资，他们也可能成为项目的合作者（比如代理商），或者是消费者。而且出于感情因素，这些人将是相对优质的合作者和消费者，因为他们是看着这个项目成长起来的。由此可见，这种人际关系同样会是企业的一笔宝贵财富。

第五个优势是渠道优势。正如常规的互联网众筹那样，虽然平台提供的往往都是小额资金的投资者，但是其渠道则是广泛而畅通的，它在理论上能够为企业的众筹带来无数投资者。只要众筹项目建立起来，就不需要花费精力去寻觅投资者。

第六个优势是融资成本的低廉。对很多资金缺乏的企业来说，项目在众筹平台上以股权型众筹发起之后，除了项目成功之后需要向众筹平台交予少量手续费之外，整个过程一般不再会有其他的费用支出。

股权式众筹的弊端

任何事物都有利有弊，或者说对一方有利的事物，对另一方往往不见得有利。股权式众筹同样如此，这种对项目发起方有诸多好处的融资模式，对项目的投资者来说，却有诸多弊端。

弊端1：投资者无法完整体现自己的股东身份。

众筹股东面临的这种情况，某种程度上类似于上市公司的股东：股东众多且很可能互不认识，大部分股东只是为了享有投资回报而不在意是否参与决策，股东对公司经营管理层的控制力被严重削弱。因此，股权众筹公司也面临着类似上市公司的道德风险，即如何确保部分股东及其操纵的管理层不会侵犯公司及其他股东的利益。证券法律制度百余年的发展，在很大程度上都是围绕如何监管这种道德风险而演进的，如信息披露制度、股东集团诉讼等。但是，股权众筹公司发展过于迅猛，以致还没有来得及借鉴到上市公司的这些成熟做法，成为给投资人带来诸多后期风险的隐患。

股权众筹毫无疑问是发起人在向投资者出售本企业的股权，而一旦对企业拥有绝对的股权，则代表投资者成为该企业的“名誉股东”，但这些“名誉股东”不具备实际股东所享受的权利。首先就是这些股东的姓名不会在工商部门登记。目前国外虽然已经出现了股权代理人制度，也就是将众多的小股东的股票集中起来，由平台作为管理者，以便能够作为一个专业的大股东为投资者争取利益。这些代为持股的行为常常都是投资人与实名制股东口头约定的，一般没有签订具有法律约束力的文件来证明。一旦项目发起人不认可投资者的股东身份，这些投资者将极其被动。

其次，在实质上，由于项目发起公司出售的股权被数量庞大的投资者购买，其权重也被严重稀释，投资金额很少的投资者根本无法对企业的运营施加影响。当然，股权代理人制度的产生也许可以在一定程度上可以解决这一问题，但目前在国内，这种制度并不普遍。

弊端 2：股东在企业管理问题中面临尴尬。

随着股权式众筹的发展，很多企业都出现了拥有“成百上千”个股东的情况。那么问题来了，企业的决策和管理怎么办？不可能每次股东会都来成百上千个股东吧？一方面，如果不尊重众筹股东的参与决策权，众筹股东的利益就很难得到保障。众筹公司收了股东的钱，不为公司办事，不好好经营，或者经营好了把公司资产挪为己有，这种做法也并不罕见。所以，投资者可能会按照常规的股东运作模式，众筹股东至少要保证自己对众筹公司的经营情况有知情权，众筹公司也应当有非常完善的信息披露、法律和审计等第三方监督的机制。同时，在必要的时候，众筹股东也最好有提议乃至表决罢免众筹公司负责人的权利。这样看起来比较民主，但也会因为人多嘴杂，给企业的组织协调带来巨大压力。另外，意见太多和不一致还会造成企业发展效率低下，以及发展方向的混乱，最终导致企业经营失败。

弊端 3：无法参与利益分配政策的制定。

很多企业股东都会面临这样的问题，那就是参股的企业看来经营得风生水起，但自己却难以获得企业分红。原因很简单，就是企业决策层不希望分红降低企业的支配资金。那些税后利润常常被用来不断被拿去投资用于扩大再生产，股东只能看到却享受不到。造成这种状况的原因在于，公司法并没有规定企业获得的税后利润就一定要拿来分红。于是，那些所谓的利益便成为了数字游戏。

所以，为了避免这一情况的发生，投资人在购买公司股权时可以与企业签订合约，强制要求企业必须将税后利润拿来分红，但对于很多对这方面并不专业的投资人来说，往往在购买企业股权时并不会想这么长远和周全，而且要组织数量庞大的投资人与企业签订合约也不是一件容易的事。

弊端 4：容易被偷换的众筹模式。

很多投资者由于不专业，再加上投资额比较小，因此风险意识常常都比较淡薄。很多人一看到平台上的一个醒目的标题，或者周围人以及网友的推荐，觉得项目新颖，于是什么都没弄明白就盲目参与进去了。项目没有看到、公司没有看到、文件没有看到，众筹的款项就打到了发起人个人的银行账户里了。这笔款，到底是什么性质，谁都说不清楚。在法律上，可以理解为实物众筹，发起人打算开发个智能硬件，大家给他的钱，不是获得他公司的股份，是预付给他的货款，到时候召集人给众筹股东一个产品就算了事。这也可以理解为借款，众筹投资人借钱给发起人，到时候发起人还钱，顶多加点利息。但是众筹投资人不是公司股东，公司估值再高、股权再值钱、再有多高的分红，众筹投资人也无法享受到。

因此，投资者在投资成为企业股东之前，必须要先搞明白，给发起人的投资款，到底是获得什么，是股权吗？如果是股权，代持协议 / 入股协议签了吗？股东投票权怎么说的？分红有保障吗？这些内容都用法律文件明确下来了吗？只有规范化了，才会有保障。

弊端 5：被转换成实质上的风险投资人。

风险投资项目一般具有高风险、高潜在收益的特点。风险投资人会向众多的项目进行投资，大部分的项目都会投资失败，但是只要其中少数几个项目出现被并购甚至成功上市的情况，那么风险投资人不但能弥补其他项目投资失败的损失，还能获得很高的收益。但是，股权众筹本身就是为了降低投资门槛，所以绝大多数众筹股东都是普通老百姓。一方面，众筹投资人不可能有资金向大量的项目投资，手头的资金一般也就只够投一两个项目，如果这一两个项目干砸了，那就是血本无归。另一方面，风险投资人一般会对行业有深入的研究，对项目商业可行性的判断相对专业，而普通老百姓可能更多的是听信于众筹发起人的宣传、缺乏判断的能力，投资的风险也就更高。

所以，普通人参与股权众筹，千万不要把自己当作风险投资人去投资项目，最好是投向传统一些的行业，收益可预期、持续且稳定，最好不要追求高风险、高回报。在这个前提下，认真考察自己的投资项目，在自己熟悉的行业领域或地域范围投资。最后，还可以借鉴风险投资人的投资原则“投资就是投人”，一定要找个值得信任的众筹发起人，或者保障机制完善的众筹平台。

股权式众筹的前景展望

虽然目前股权式众筹在法规制度和实际操作方面还存在许多问题，但作为一种新型的融资模式，其对企业发展的意义不言而喻。尤其是股权式众筹在融资过程当中的诸多优势，让它有机会成为企业未来众多融资模式当中的主流。

随着相关法规的不断完善，融资双方在操作实施过程中的日趋专业和成熟，股权式众筹势必将产生越来越大的影响力。

知识链接　中国股权型众筹大事年表

2009 年众筹在国外兴起，2011 年众筹开始进入中国，2013 年国内正式诞生第一例股权众筹案例，2014 年国内出现第一个有担保的股权众筹项目。2014 年 5 月，明确了证监会对于众筹的监管，并出台了监管意见稿。

2.1.4 债券型众筹：众人拾柴能解燃眉之急

债券型众筹，顾名思义就是以发行债券的方式在众筹平台进行融资。这种融资模式与传统发行债券进行的融资在内容上没有本质的区别，不同的地方就是多了互联网这样一个平台。与互联网众筹这种融资模式相较于传统融资的优势一样，债券型众筹因为使用了互联网作为平台，其带来了更广泛和庞大的融资对象，债券型众筹将传统债券式融资的几个或者少数融资者转化成数量更庞大的小额融资对象。

从发起众筹一方的角度来看，互联网众筹平台等于将他们所需要的融资“打碎”，然后分给众多的债权人。虽然看起来“向很多人借小钱”比“向几个人借大钱”在现实中并不见得会更容易，但有了互联网的加入，前者确实要比后者更容易了，因为寻找这么多人的问题就基本上不用借款人去想办法，众筹平台很容易就能提供充足的潜在资源。这些提供借款的人在项目发起之前就已经在平台上出现了，而且往往都是在主动寻找投资机会。所以借款人只要按照平台的要求制订出自己的借款方案就行了，接下来就是等着众多的潜在投资者对项目进行投资。

债券型众筹的回报方式与传统借贷也是一样的，就是按照约定的时间到期还本付息。在项目众筹成功之后，平台将成为一个监督者，以确保广大投资人能够借款到期之后获得自己的本息。比如有的众筹平台在项目众筹成功之后，会从筹集到的资金中留下一定的比例作为保证金。或者引进其他金融机构作为担保，以降低在众筹成功之后其中的一方（主要是筹款的一方）违约而带来的融资风险。

图 2.1.4-1　债券众筹

这种投资模式虽然看起来很传统（尤其是在众筹领域），却有其实际意义。

首先，债券型众筹是一种纯资本运作模式，它可以满足那些对其他回报（比如大多数的奖励型众筹会以项目的衍生品作为回报）不感兴趣的投资者的投资需求。其次，债券式众筹投资的周期比较短，在约定的时间内理论上就能获得本息，时间一般为几个月。不像股权性众筹那样，需要以企业的发展作为基础，往往要相当长一段时间才有可能获得收益。再次，债券型众筹由于十分传统，因此流程简单，可操作性强。由此可见，对这些投资者来说，债券型众筹是一种时间短而且比较保险的投资方式。最后，由于互联网众筹平台的参与，投资人可以用较少的资金参与投资，这样能较好地分散风险。

正因为如此，这种古老而传统的众筹模式并没有随时代的变迁而消失在历史长河之中，看起来似乎永不过时。在互联网普及的今天，债券型众筹依然会是那些具有闲置资金人的一种重要的投资渠道。

2.2 众筹应用：它们无所不在，风生水起

2.2.1 科技众筹：智慧产业“钱程似锦”

科技改变世界。在任何时代，科学技术都是助推社会向前发展的最强大的动力。科技之所以是第一生产力，就是因为人们会将其用于生活实践，用于指导自己的生产生活，或者让自己的生活变得舒适便捷。

那些高科技产品，其产品的附加值也将大为提高。而高附加值的产品不像初级产品那样需要面临激烈的竞争，一些顶尖的科技产品因为蕴含了核心技术，甚至可以在市场上获得垄断地位。由于没有其他竞争对手，这些产品也常常会有高价格、高利润的特点。这也是高科技产业受到市场追捧的重要原因。

在互联网众筹风靡世界的今天，科技领域的众筹自然也成为各大众筹平台上的重要角色。例如在当今世界最大的众筹平台 Kickstarter 上，Pebble Time Steel、Pebble 智能手表 以及 Coolest Cooler 便携式冷藏箱 3 个融资超过千万美元的项目都属于高科技产品。

科技产业是一种前沿产业，引领者人类生活的发展趋势，因此也会是投资者追捧的热点。那些具有高科技元素的产品，往往会在一段时期内获得快速发展的机会，能够获得高额的回报。稀缺性带来的巨大市场前景，让为这些产品发起的众筹项目常常能大获全胜，广大的网友愿意为了这一项目的成功踊跃投资，毕竟这既是一种商机，更充满着梦想的价值，很容易成为高融资比率以及高额融资的成功项目。而生产这些高科技产品的企业或者创业者往往都是深谙互联网的网络

原住民，懂得如何利用互联网去推销自己的项目，这也进一步助推了科技众筹在互联网众筹领域当中的持续火爆。

众筹案例 那些火爆 2014 年的高科技众筹项目

TrackR bravo 是一种只有硬币大小的追踪器，由于它十分小巧，因此携带起来十分方便，可以挂或者贴在物体上面。只要将相匹配的 GPS 系统相连的 iOS 应用或者 Android 就可以对该物体进行实时追踪。比如将这款追踪器挂在钥匙扣上，或者小孩以及宠物的身上，就能知道他们的位置。在需要寻找他们 / 它们的时候，可以通过相应的系统发出提示音，以便你确定他们的具体位置。当然，前提是追踪的物体必须在感应系统 100 米之内。在著名众筹平台 IndieGoGo 发起众筹之后，该项目已经获得了超过 75 万美元的融资，而其计划融资的金额为 2 万美元，也就是说该项目的融资比率高达 35 倍。

一家名为 Electric Objects 的公司研制出了一款名为 E01——“为艺术而生的计算机”产品，该设备是一个定制的 1920×1080 分辨率 IPS LCD 显示屏，配有双核平板电脑处理器。你只需要从你的电脑或者移动设备，选择好你想要让 E01 显示出来的数字艺术品就行了。E01 既支持动画，也支持静态图像。它的出现改变了只能在电脑屏幕前观看图像的历史，因此该项目在 Kickstarter 发起众筹之后获得了 55 万美元的融资，远远超过其设定的 2.5 万美元的最低融资目标。

KOR-FX 是一款游戏体验马甲，它能让穿戴者享受到逼真的游戏环境体验。比如在战斗场面中，如果穿戴者操控的角色附近有炸弹爆炸，那么体验者的身体也会出现明显的震感。这款设备在 Kickstarter 发起众筹之后，获得了超过 18 万美元的融资，超过其设定的 7.5 万美元的融资目标。

Jibo 是一种家用机器人，它被设计者定位为社交伴侣。这款机器人功能强大，能无线连接至互联网，处理视频通话，拍照，整理你的日程，提醒你完成特定的任务。其发明者表示，Jibo 是一款响应型机器人，能够成为老年人和年轻人工作和生活中的助手和玩伴。该项目在 IndieGoGo 发起的众筹设定的最低融资额为 10 万美元，不过其最终获得的融资总额超过 115 万美元。

美国安全局原雇员斯诺登爆出美国国安单位的棱镜计划之后，美国民众震惊之余开始设法避免自己的隐私受政府部门的监控。各科技公司纷纷推出自己的防监听设备，ICLOAK Stik 就是其中之一。这是一款即插即用的设备，非常方便，旨在让更多的大众能够用上隐私保护技术。该设备可帮助普通电脑用户大大简化连接至 Tor 的过程，让他们可以通过 Tor 或者 I20 匿名网络浏览网页，因此更加难以被追踪。此外，对于想要浏览被特定国家屏蔽掉的媒体或者网站的用户，ICLOAK Stik 可让用户绕过这些壁垒，从而能够访问那些网站。在 Kickstarter 发起众筹之后，该项目融资成功，超过 9.8 万美元的融资也高于发起人设定的 7.5 万美元的目标筹资额。

知识链接　众筹在国内各领域的占比

众筹涉及的领域	项目占比
移动互联	57.84%
国民消费	12.75%
文化传播	9.81%
信息技术	8.82%
新型材料	5.88%
节能环保	1.96%
生物科技	1.96%
新能源技术产品	0.98%
注：该资料信息来源盈灿咨询	

2.2.2 旅游众筹：用别人的钱成就你的非凡之旅

旅游热兴起孕育的旅游众筹

“世界那么大，我想去看看。”这句话说出了很多人的梦想。去世界各地观景览胜是很多人梦寐以求的心愿。不过现实是，很少能有人将这一心愿付诸行动。没钱、没时间、没体力、没毅力，尤其是资金的缺乏，让很多人对外出旅行，特别是远途旅行望而却步，只能通过视频图片和文字神游世界。

随着互联网众筹在我国的兴起，通过众筹来实现旅游的梦想已经成为可能。在互联网的两端，筹资者一般都是有时间、有身体也有意志和想法的驴友，他们唯一的问题就是缺钱。而在另一端，则是那些有旅游兴趣但是因为各种原因无法出行的人们。互联网众筹的出现让这些想旅游的人有机会将自己的旅行计划告诉天南海北的网友，以便能获得他们的资助。只要有打动投资者的旅游计划，他们就愿意提供小额资金，去帮助这些人将计划付诸实施。

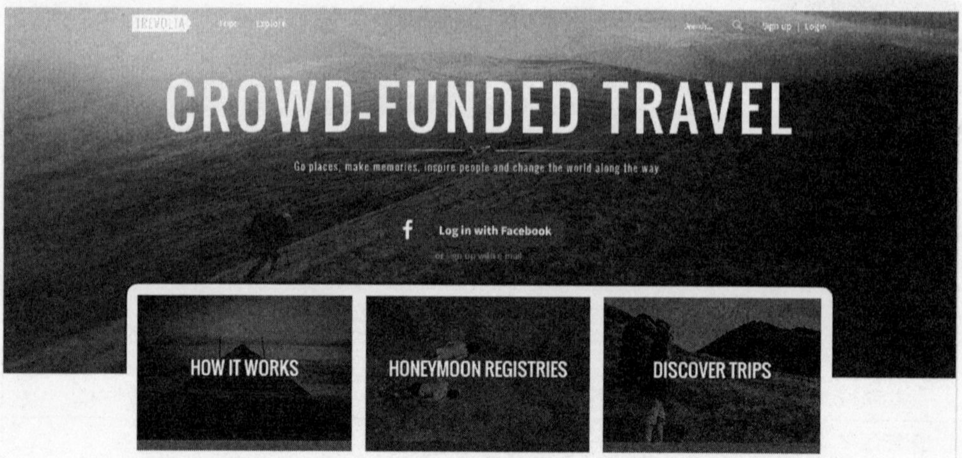

图 2.2.2-1　全球最知名的旅游众筹平台 Trevolta

非凡的计划才能吸引投资

很多人感慨，在生活中“只要一借钱，朋友全不见。”在日常生活中向熟识的朋友借钱都那么难，更不用说是向网上那些素不相识的网友筹钱了。所以说，并不是想出去“走两步”，然后往互联网众筹平台上发个旅行计划，别人就会为你的旅行计划“埋单”。呈现到众筹平台上的旅游计划一定要具有“特色”，最好是一次“非凡之旅”，才会吸引投资者的目光。那么，怎样才能使自己的旅行计划“超凡脱俗”呢？

首先，你的旅行计划一定要有挑战。旅途的漫长和艰险是必要元素，这不仅是向众多的潜在投资者展现你发起众筹的必要，同时也代表着一种精神和力量。人们希望自己能够帮助实施一个奇迹或者一件有意义的事情，来完成自己“未完成的梦”，这同样也是获得对方投资的一个很重要的因素。

其次，项目回报一定要新颖。对于旅游投资者来说，很难通过发起人的“非凡行程”来为自己赚取金钱回报，他们投资旅游众筹项目，往往与利益无关。他们需要的往往是一些“免费”的回报，那么那些投资者的回报在哪里呢？首先，旅游众筹发起者的旅行计划可以在众筹平台上，与全球千千万万的网友分享旅行过程中的文字、图片、视频。此外，旅行者在旅途过程中的一些特别具有创意的表演，旅途上的产品代购，邮寄明信片尤其是一些应投资者要求进行的表演，同样也是对投资人的一种回报。正所谓君子有成人之美，尤其是那些看起来让人觉得很别致的旅游计划，对一些投资者来说，同样也是一种梦想的寄托。这时的众筹发起人很可能就成为这众多投资人的一个“共同的化身”，带着投资人的梦想踏上旅途。

此外，众筹发起人的这些构思独特的旅行计划也可以对那些捐助者产生启发，这次旅行便成为了他们做类似计划的一种前期实验。这些元素或者项目所具有的一些特质，都能成为网友为众筹旅游投资的原因。

由于旅游众筹大部分以募捐的方式完成，这让旅游众筹带有了公益型众筹的元素。而另一方面，一些与旅游相关的业务的商家也会对这些旅游计划进行投资，用来扩大企业和产品的知名度，从中获得广告效应，这又让旅游众筹成为投资型众筹当中的一部分。不管如何，项目本身是否能让潜在投资人看到其中的价值，决定着旅游众筹的成败。

旅游众筹在国内的发展现状

在中国，虽然旅游已经成为一项大众化甚至是全民运动，但是真正有深度和创意的旅行计划并不多。

目前国内的一些旅游机构开展了旅游众筹的尝试，例如青岛旅游集团“海钓达人”、宝中旅游、携程的“讨盘缠”等旅游众筹项目都比较知名。下面介绍一下“海钓达人”的众筹项目。

青岛旅游集团 2014 年 4 月在众筹网发起“海钓达人”众筹项目，投资人支持 100 ~ 2400 元不等，就可获得海钓船的使用权，免费使用海钓工具等项目回报，这是众筹网在全国推出的首个旅游项目。出色的项目设计让该旅游众筹发起不到 24 小时，筹集的资金就突破原计划的 117%。

“海钓达人”是旅游众筹在旅游线路项目的成功探索，但在众筹酒店等不动产类项目上，除蓬达集团的“众筹酒店”比较成功之外，其他旅游众筹成功的项目却很少。

除了比较知名的旅游机构推出可行的众筹项目外，个人在互联网平台上发起的旅游众筹，效果也并不理想。这种现象的产生，其中一个重要原因就是国内民众在旅游众筹方面还缺乏意识。旅游众筹的潜在发起者不懂得如何包装和展示自己的众筹项目，也不懂得如何对整个众筹过程进行管理和掌控。

当然，在互联网日益普及的情况下，随着国民收入的不断提高，旅游已经成为一项全民运动，众筹旅游已经进入全民视野，民众的认可度也越来越高，假以时日，旅游众筹在中国的发展将迎来光明的前景！

众筹案例　80后岳阳女孩的旅游众筹

来自岳阳的童海丽是一个活泼开朗，思想独立的女孩，她爱运动、爱旅行、爱摄影，平时经常会在国内各地旅行。童海丽还有一个梦想，就是希望在有生之年能够进行一次环球之旅。为此，她为自己制订了一个周游22国的旅行计划，但这个计划却遇到资金问题。尽管转让店铺为自己的旅行筹集了10万元的路费，但办理欧洲的旅游签证还需要5万元的定期存款作为保证。无奈之下，童海丽抱着试一试的态度将自己的计划以及筹款信息发布在自己的QQ空间和微信朋友圈中。让她很意外的是，各路网友看到她的信息之后，纷纷解囊相助，在短短几天的时间里，童海丽便筹集到了15000元。

在自己的“众筹项目”介绍中，童海丽详细介绍了自己的旅行计划：从广西出发，到越南、老挝、柬埔寨、泰国、缅甸、印度，再往东南亚，经过中东，埃塞俄比亚、苏丹、埃及等后，再转道欧洲，西班牙、法国、意大利、波兰，最后从乌克兰到俄罗斯然后回国，时间大约为一年。

对于这些筹来的钱，童海丽明确表示自己会在2016年还。童海丽的计划引来一群点赞的网友，很多人留言赞扬她大胆有想法，也有很多人用实际行动对童海丽的计划进行了支持，一笔笔小额捐款被打入了童海丽的银联卡和支付宝，少的50元，多的200元。

童海丽表示，自己有1674位网上好友，只要有1000位好友平均向她资助50元，就能筹集到这50000元。当然，对于最终的结果童海丽却能用一颗平常心来看，认为能不能成功筹集到这笔钱并不是最重要的，这些网上的朋友对自己的支持和信任才是最重要的。

为了显示自己的还款决心，童海丽要了每一位打款者的姓名、电话和还款方式，做好一笔笔汇款的记录，然后将这些钱积少成多存入银行，用来作为签证北欧国家的定期存款证明。等到 2016 年，就会把钱还给大家。

图 2.2.2–2　童海丽的微博显示她目前正在泰国旅游

很多人觉得这样太麻烦，还不如直接向 10 个关系亲密的朋友借 5000 元，等回来之后再还给他们。但童海丽有自己的想法，她认为这种筹款方式能够让自己的旅行更有意义，因为这一个个支持和一笔笔捐款凝聚了网友的一份份信任和爱心，带着这些关爱踏上旅程，会让这次的环球之旅更有意义。在众多网友的精神支持和物质资助下，童海丽顺利开启了自己的环球之旅。

知识链接　如何用携程发起“讨盘缠”？

据携程旅行网介绍，“讨盘缠”是一个以微众筹的形式，满足用户自主筹集旅行经费需求的平台。那么这种新型的众筹模式该如何操作呢，步骤如下。

打开携程旅行APP，进入“礼品卡”频道“讨盘缠”，进入“讨盘缠”首页，点击大猫下方的“我要讨盘缠”按钮，按提示快捷登录自己的携程账户。进入讨盘缠页面后，按要求填写相关信息。点击“确认发起”，页面会提供各种网络社交平台，点击“去向好友去讨盘缠”系统会通过这些平台将你的项目资料发给好友。项目发起成功之后，如果你第一轮讨到盘缠不理想，还可以多次“讨钱”。

2.2.3 影视娱乐众筹：花点小钱买欢乐

影视可以说是一种最鲜明的艺术表达形式。自从影视诞生之后，它就成为人们一种最重要娱乐形式之一，如今不但没有过时，而且似乎越来越火了，比如现在小有成功的电影，票房就动辄上亿美元，有的电影票房甚至超过10亿美元。

影视作为一种比较高层次的艺术享受，它的发展也一直紧跟时代的步伐，在互联网诞生之后，影视业成为最早的与互联网结合的艺术类型。

影视娱乐的互联网众筹也是当今比较热门的众筹种类。在国内，影视业众筹第一次引起人们广泛关注与热议的就是由徐峥执导的《人在囧途》。该片在开拍时因为缺乏资金，于是找到华谊兄弟董事长王中军融资。王中军因为对电影的票房没有信心，为了规避投资风险，自己只出了一部分钱投资，又为这部电影寻找了大量的投资者，让这部电影的融资成为了实际上的众筹。结果电影上映之后，异常火爆，该片的投资者都获得了高额的回报。

在国内外各互联网众筹平台上，较强的娱乐性以及较高的回报让电影成为众多众筹项目当中的重要组成部分。而且相比其他项目，影视方面的众筹往往更容易获得广泛关注并获得大量融资。比如在世界最大的互联网众筹平台Kickstarter,

到2014年底，其超过9亿美元的融资中，就有超过1.8亿美元的融资来自影视众筹，占比达到20%。

实际上，作为一种重要的宣传营销方式，在互联网上发起众筹也是很多电影的制片方对影片进行宣传的渠道之一。很多本身已经资金充足的影视常常会拿出小部分额度的资金发起众筹，融资是一方面，最重要的是能够引起舆论的关注，然后通过它们的参与进一步为电影宣传造势。

国内的某些影视作品，并不被专业人士认可，但通过精心设计的宣传造势，电影却能创造票房奇迹，比如作为暑期档最受期待的20部影片之一的国产动画片《大圣归来》，其上线之后人气爆棚，票房一路飙升，一举突破8亿元大关！

图 2.2.3-1　大圣归来介绍

这部动画片除了高票房之外，还有一个引起人们热议的话题，那就是“儿童出品”——在电影片尾字幕里滚动播放109位投资者的名字，他们都是这部电影的投资者。电影的制作方在制作初期就为电影发起了众筹，最终获得109位儿童家长的融资，融资总额达到700万元。随着《大圣归来》票房大卖，众筹这种互联网融资模式也再次引起人们的热议。

实际上，像《大圣归来》这样获得高额融资的众筹项目并不多见，因为作为一个娱乐性的项目，不管是项目发起人还是投资者，投融资往往都不是主要目的。项目发起人以影视的宣传和勘察市场前期反应为主，投资人则是为好玩，或者为了获得投资电影的这种经历和体验。正是这种彼此的需求，让电影众筹成为众筹领域中的重要成员。

众筹案例 国内第一部众筹电视剧——《待嫁老爸》

2015 年热映的《待嫁老爸》是一部都市时尚情感剧，该剧由国内实力派男演员王志文担纲男主角，是阔别银屏已久的王志文继《大丈夫》成功回归之后的又一部都市时尚情感作品。这次的他不仅是带着女儿“再婚”，而且还要同时面对三个不同类型女人的“情感夹击”，剧情可谓异彩纷呈。在天津和湖北等卫视以及爱奇艺、乐视等网站上映之后，反响良好。

此外，这部影片还有一个引发人们热议的“头衔”，那就是它是国内第一部众筹的电视剧。该剧在众筹网上发起了众筹，制片方除了通过众筹融资之外，也希望借此向观众展现该剧真实的拍摄现场，同时也希望借此机会与那些热爱影视的关众进行互动，一圆他们的影视梦。

该项目众筹的金额为 3 万元，融资的截止日期为 2014 年 7 月 31 日。项目的回报方案也为不同的投资额度而设置了几个“档次”。如融资 49 元到 398 元不等的，都可以得到一件印有《待嫁老爸》剧名的 T 恤一件，还有获得一次到剧组探班的机会。投资者可借此观看该剧演员拍戏的过程，品尝到著名的剧组盒饭，并可以和参与该剧拍摄的影星合影，并签名留念。

投资超过 5000 元，就可以参加该剧的庆功答谢会，甚至可以直接进入剧组参与演出，做一回真正的演员。项目上线仅几天就获得引起了广大网友的关注，上百位网友在项目上留言，表示了对这部电视剧的支持。

图 2.2.3-2 《待嫁老爸》介绍

与一般影视作品发起的众筹一样，该剧发起的众筹依然重在宣传。毕竟30000元的融资额相对一部电视剧的经费来说，无疑是杯水车薪。通过项目的众筹，能够引起网友的关注，借融资培养起一批忠实的粉丝，同时借此来检验市场接受度，可以说是一种一举多得的营销手段。

知识链接 获得奥斯卡奖的众筹电影《Inocente》

奥斯卡获奖影片《Inocente》于2012年7月在著名的互联网众筹平台Kickstarter上发起了众筹。

作为一个成功的众筹项目，该项目的回报方案堪称经典。回报共分成10档，其中10美元为该影片论坛会员资格以及在Facebook留言墙上的感谢；25美元在10美元的回报基础上再加该影片DVD光盘一张；50美元在25美元回报的基础上加赠印有《Inocente》字样的T恤一件，以此类推，最高融资额度为500美元。

图 2.2.3-3 《Inocente》剧照

该项目众筹的期望融资额为 5 万美元，最终获得了 294 人提供的融资，总共筹集到 52527 美元，成为第一部众筹的奥斯卡获奖影片。

2.2.4 公益众筹：世上还是好人多

很多人常常会觉得，公益项目并没有太大的市场潜力，因此为公益项目发起的众筹应该不会受到欢迎。但实际情况是，公益项目的众筹才是最能体现众筹本源的众筹类型，也就是我们常说的："一方有难八方支援"。目前，众筹已经成为那些非营利性机构获得融资的重要渠道。据统计，全世界通过互联网众筹获得的融资总额超过 3 亿美元。在我国，公益性众筹同样是一种十分流行的融资模式，相比于国外的投资人，很多国人对收益性投资并不十分感兴趣，毕竟众筹一般的融资额比较低，就算能获得回报也不会太高。而且很投资者对国人的创业热情和能力并不十分信任，因此与其将钱投入在那些不靠谱的回报性众筹项目上，还不如将自己的钱用来做一些行善之举。

作为一种看起来没有回报的众筹模式，公益性众筹的吸引点在哪里呢？或者说是什么力量驱动人们为这些众筹投资呢？其中一个重要原因就是一种心理需求，就如同我们在大街上遇到一个正在乞讨的残疾人一样，当我们给他钱时，我们能够享受到一种心理上的满足感。这种满足感来源于一种自我肯定，即我们有能力帮助别人，这是一种自我价值的体现。

另外一种驱动力来源于一个人对于心理舒适的追求。也许一个人在日常生活中没有达到主动去做慈善的心理境界，但如果这个人碰巧遇到那些需要帮助的人时，他将面临理性与感性的抉择：为这个人提供帮助，自己将损失一笔钱，而如果不为这个人提供帮助，自己将受到良心的谴责，这个人最终的行为将取决于这两种心理斗争的结果。

由此可见，公益众筹最需要着力的地方就是如何帮助捐赠者在情感上站在自己一边，也就是说，以情动人应该成为公益性众筹的主打元素。毕竟，公益性众筹项目很难用具体的市场价值来评估，投资人也难以从项目本身获得可观的利润回报。因此，项目最终能否受到的投资（或者捐赠）者的欢迎，还得取决于如何对项目进行设计。

与传统的募捐活动不同，公益性众筹的融资项目常常为十分具体的特定项目募捐。比如传统型的为国家贫困地区的教育或者残疾人进行的社会性募捐，在公益众筹当中比较少见。现在互联网众筹更多的是解决某一个人或者某一件具体的事，比如为某乡村小学修建一个篮球场、为某个贫困山村打一口井等，这样能让投资者更容易了解资金的用途和去向，并能够在短期内看到项目投资的成果（尽管无法从成果中收获到实质回报），从而提高项目融资成功的概率。由此可见，做到具体、透明、可操作、易查寻、生活化，是公益性项目在选择和设计时需要重点考虑并解决的问题。

互联网众筹虽然在理论上有无限的融资渠道，但实际上其受众的范围还是比较有限的。一个互联网众筹平台的关注者或者一个朋友圈的人数并不会太多，尤其在国内的互联网众筹还没有十分普及的情况下，一个项目需要解决的问题应该小而具体，要让投资者感觉到他投出的钱能够解决一个具体的问题。比如，如果在互联网众筹平台为中国的贫困地区教育发起一个项目，这个项目肯定是无法解决中国贫困地区的教育问题，因为这一问题需要大量资金和长时间才能解决。问题的最终解决还是要靠国家整体经济的发展，并由各级政府去主导和推动。在这种情感况下，项目的潜在投资者根本不清楚自己的钱到底被用到哪些地方和用来解决哪些具体问题了，成果在哪里。而且自己投入的这点钱对整个项目来说实在太微不足道了，就算能发挥作用，也很难享受到“收获的喜悦”。因此，这一类型的项目尽管意义重大，但是由于太过“高大上”，很难在众筹平台上获得投资者的响应。

相比其他投资性众筹，公益性众筹虽然没有回报，但却是最有市场、受众最广的众筹类型。原因很简单，在传统众筹当中，因为每个人心底都有一份善心和公益心，只要有好的项目能够触发他们的这种心理，这些人就愿意掏钱。

操作实例：

下面我们来看一则成功的众筹案例：

这是一个为一所山村小学修建篮球场而发起的众筹项目。项目的发起人是一位公益人士，他发起的项目是为一所山村小学建一块篮球场。虽然要解决的问题在现实中算不上非常迫切，意义也不能说十分高远，但是项目发起人选择的项目比较具体，介绍也十分清晰。

第一步：自我介绍

项目发起人首先要做的就是自我介绍。项目发起人小汪是一位热心公益人士，他简单介绍了一下他的工作单位。接着重点介绍了自己的义工经历，并上传了自己的工作照以及因此获得的奖励。以此来增强潜在投资人的信任和好感，尤其是“‘2013 年年度优秀义工’称号”这一奖励，也是项目发起人的一大优势，这种比较权威的奖项更容易赢得信任。

第二步：项目发起的必要

随后，项目发起人介绍了这所小学面临的具体问题，向人们阐明了发起项目的意义所在，以唤起网友的公益心。

第三步：项目融资明细介绍

接着，就是对项目融资进行介绍。通过将项目实施过程当中各部分和环节需要的花费进行详细介绍，解答网友对于融资额的疑虑。

这次要募集的款项所用于改建计划如下：

1、球场场地平整（含场平、夯实）费用：7000元；

2、场地砂石料填充4000元；

3、球场场地使用C20混凝土浇筑，浇筑面积420㎡，浇筑厚度15CM,费用39000元；

4、球场标线及篮球架安装费用9500元；

5、刻字石碑1块费用3500元。

以上费用合计：63000元另外，鲜花饼、姜茶（或等值地方特产）成本7000元左右

共计70000元左右。

第四步：项目的设计及修饰

在介绍项目的具体问题时，项目发起人拍摄的照片都有学生，这一方面向潜在投资人进一步验证了该项目的意义，也是从情感上来争取同情，以此来唤起网友的公益心。

第五步：项目回报方案的设计

项目的回报方案从低到高，有学生的感恩卡、手绘画、亲笔签名的明信片，以及茶叶、菜籽油等实物回报，还有就是认捐者可以选择在立碑上留名，以及100 元以上认捐者有 20 个名额抽取布依族手工织物的机会，应该说从精神到物质都比较全面地照顾到了捐赠者的需求。

在回报的产品方面，发起人也进行了“美化处理”。通过图文介绍的方式，让投资人明确了解自己得到的回报物品的价值，尤其是这些绿色产品，目前是比较受市场欢迎的，可以算是一种“利诱”。

第六步：项目监督

另外，在联系方式上面，项目发起人也十分用心。首先就是他本人的联系方式十分全面，尤其是他的QQ号。可能有的人喜欢将工作和生活分开，因此常常会为了工作往来专门申请一个QQ号，但因为这些号码申请的时间相对较晚，因此位数都比较长（一般为10位），而这位项目发起人留下的是一个1开头的8位QQ号码，一般来说是自己的生活号，这也很大程度显示了自己的诚意，能够进一步赢得投资者的好感。

【我们的联系方式】

发起人：小汪（原云南电视台记者）

手机：1868716　　微信号：feiew　　QQ：1342

共同发起人：

小李（曲靖地方公务员）　　手机：1860874

小母（鲁布革乡干部）　　手机：1508742　　邮箱：muqifen@

小夏（大坡完小校长）　　手机：1398890

后面的三位联系人实际上是项目的监督人，他们分别是两级政府的工作人员，以及项目的受益方也就是该学校的校长，这也能进一步打消潜在投资者对项目真实性的疑虑。

知识链接　国内互联网众筹平台公益性项目运作模式

平台名称	项目类型	运营方式	平台手续费	项目发起条件
众筹网	综合类	项目的融资金额为500元以上 项目必须在预定时间内超过设置的最低融资金额才算成功 成功之后，平台将分两次将款项打给融资者，同时扣留30%的融资款项作为保证金，如果融资失败，款项将返还给资助人	免费	为各种不能发起的项目类型做了详细规定，并且规定个人不得为慈善或者其他人发起众筹

续表

平台名称	项目类型	运营方式	平台手续费	项目发起条件
追梦网	青年	项目必须在预设时间内完成目标融资额，否则算项目失败，已经筹集到的资金款额将返还给捐资人	项目成功后，收取融资额的 6% 手续费，不成功则免费	不接受纯粹的常规公益项目，项目必须有趣味、有创意或者具有启发性
积善之家	综合类	项目发起方必须是机构、项目融资额为 2 万元，项目必须在规定时间内筹集到超过设定的目标金额，否则视为项目失败，已筹集到的资金全额返还给资助人	免费	个人和机构都可以发起项目，发起方需通过实名认证，同时经过平台工作人员的审核与完善
淘宝众筹	综合类	融资金额以项目平台一般标准为准，项目必须在预设时间内超过设置的目标金额，否则视为项目失败，已筹集到的资金将返还给资助人	免费	只要是具体项目即可在平台上发起众筹
新公益	助学支教	项目的融资额为 1 万元到 100 万元之间，预设的融资时间一到视为项目结束，不管能不能达到预设的融资额，发起人都能获得已筹集到的资金	免费	项目的发起条件比较宽松，个人、民间组织、正式公益团体、基金会都有发起项目的资格
中国梦网	综合类	项目必须在预设的时间内超过目标资金额，否则视为失败 项目成功后，平台分两次拨付款项，并预留 20% 的项目资金作为保证金。项目一旦失败，已筹集的资金将返还给资助人	免费	项目发起方必须为有相关资质的公益组织，平台不接受个人发起的众筹项目
创意鼓	综合类	融资金额为 1000 元到 10 万元，项目必须在预定时间超过目标融资额，否则视为项目失败，已筹集到的资金全部转入创意鼓梦想公益基金	收取一定的基金管理费，余额全部用于公益事业	个人或机构均可作为项目发起方。项目发起方需要将完整的资料提交平台进行认证。同时项目必须要具有创意和可行性

2.2.5 教育众筹：有意义也有市场

教育可以说既是一种公益性的项目，同时也是一种极具市场潜力的产业。不管是公益还是投资，教育众筹都能独当一面。从公益性质来讲，捐资助学一直以来都是社会公益的重要内容，比如中国的“希望工程”，自发起以来就成为国内长盛不衰的公益主题，而且其覆盖的区域以及涉及的范围也在不断扩大，而且只要有需要帮助的学子，希望工程就不会停止。作为一项“高尚的事业”，教育是培养人才最重要的途径之一，因此很多人都愿意为教育事业捐资。

比如国内最大的综合性互联网众筹平台众筹网，平台的众多项目当中就有很多是教育类众筹项目。中国有句古话：“授人以鱼不如授人以渔”，在很多人看来，与其资助那些在生活上比较困难的穷人，还不如去通过捐资助学培养对社会有用的人才，正是这种思想，让捐资助学成为国内长盛不衰的公益项目。

在美国，GoFundMe、Pigit 和 Zerobound 就是著名的以教育众筹为主的互联网众筹平台，甚至连最知名的 Kickstarter 上也不乏教育众筹项目。作为与互联网接触最为密切的网络原住民，那些因为经济困难而需要帮助的学子，也懂得将互联网众筹作为重要的筹资渠道。

以教育众筹为主的互联网中众筹平台 GoFundMe 为例，从 2011 年到 2014 年，该平台上的教育众筹项目就增长了 4.5 倍，仅仅在 2014 年前三个季度，该平台上发起的众筹项目总数就超过 10 个，成功筹集到的资金超过 1300 万美元。由此可见，教育作为一项公益活动，重要的社会意义让其成为具有长远发展潜力的项目。

在美国，其教育类的众筹还有一个新的玩法，这些教育类的众筹平台成为实际上的项目发起人。网站除了为投资者和那些接受投资的孩子提供平台之外，还会进行多种资源的调配，比如为这些孩子建立专属的个人网页，以方便投资者向他们提供支持。同时也会将大量的教育资源与这些孩子进行对接，其中就包括联系那些在教育领域比较专业和资深的人士，让他们在线对这些学子进行辅导。这些众筹平台的运营者们坚信，绝大多数的孩子都有成才的天分，只要在这些人成年之前通过各种方式帮助他们将自己的天分充分施展出来，他们就有机会获得成功。这种投资虽然是公益性的，但依然极具吸引力。

此外，教育也是一项有着巨大市场潜力的投资领域。虽然在传统的学校教育方面，由于政府不断出台一系列减负措施，学生学习的内容被不断精简。但实际上，由于中国的教育资源分布不平衡，很多家长为了让自己的子女能够考上好一点的中学或者大学，常常会在课外参加各个基础教学科目的培训班。另外，在国内除了基础教育之外，各种培养兴趣爱好、实际操作能力的素质教育得到了快速发展。原因是随着生活水平的日益提高，百姓对于下一代教育的思维也在不断进步。在这种背景下，也衍生出了庞大的基础教育之外的教育产业。这些产业的蓬勃发展除了是作为中国教育体制进步的象征之外，也反映了这一领域庞大的市场需求，“学生的钱好赚”也成为很多从事这一领域的商家的一个共识。

正因为如此，教育事业也成为众多投资者眼中的“香饽饽”，一个优秀的项目往往能够从市场上获得丰厚的回报，能够吸引大批的投资者为项目进行投资。

作为目前社会重要的融资渠道，互联网众筹在教育领域同样获得了快速发展，尤其是从事教育的人往往具有较高的学识水平，对互联网的运用十分熟络，愿意尝试用众筹这种新型的融资模式为项目融资。目前，在互联网众筹平台上发起教育类的众筹也成为教育类项目获得融资的重要途径。

Part3

巧操作：实力 + 技巧才能获得成功

3.1 充分的准备是成功的第一步

3.1.1 与众不同的项目是众筹成功的基石

正所谓打铁要靠自身硬。一个项目能不能在众筹平台上融资成功，进而在市场上受到欢迎，项目本身质量是其中的决定性因素。相比传统的投资，互联网众筹当中的投资由于投资的金额相对较小，投资者往往也会在较短时间内决定是否投资，这就对项目强大的吸引力了提出了较高的要求。对众筹的投资人来说，发起众筹的项目就像一件商品，价格并不高，除了帮助成就别人的梦想之外，剩下的就是一种商业交换，也就是用投资买一个项目回报。

因此，项目就需要有一件普通商品的特质。一件好的商品应该是良好的价值和使用价值的结合体。对众筹项目来说，它的价值在于项目较高的社会意义或者市场价值。尤其是后者，更是一个成功项目必备的条件。

这些项目转化到现实中来，主要就是两方面的内容，一种就是一些实物性产品的发明创造；比如在众筹网上创下千万美元的那款著名的手表，这种产品众筹的成功就在于它的高科技。很多人觉得这种类型的项目是无法选择的，毕竟是产品产生之后才产生项目的。实际上，这些项目同样可以进行市场化的改良。比如在研发一件产品之前，首先就应该考虑到这件产品在投放市场之后能不能获得消费者的欢迎，如果一件产品不具备市场开发价值，那么无论这件产品看起来是多么高科技，都将是一件只能用来欣赏的花瓶。

另一种项目就是一般的创业计划，这种项目对那些创业者来说，选择性更强。

也就是说，很多人在创业时，不能仅主观地认为这些项目的市场潜力，而应该经过充分的调查论证，确定这个项目确实是具有市场潜力的，然后才考虑是否将其作为自己的创业目标。只有如此，这些项目在互联网平台上发起者的众筹才会获得投资者的青睐。

此外，项目发起人在选择自己的项目时，也应该关注众筹领域比较活跃的行业和领域，这样能够较好地帮助自己选择比较受欢迎的众筹项目。当然，这不仅仅能够帮助项目众筹成功，同样也能对项目之后的发展起到良好的帮助。正如前面提到过的，众筹有一个重要的特质，就是项目的投资人本身就是最贴近现实的消费者。他们是否决定对项目进行投资，往往不是站在投资者的角度来看问题，而是站在消费者的角度，来评价这个项目所衍生的产品或者服务是否比较实用。既然这些人认为这些产品或者服务，能很好地满足自己的消费需求，那么市场那些普通的消费者自然也会接受这些产品或者服务。

总之，每一个项目的发起人在众筹平台发起项目之前，都要精心选择合适的项目，或者对自己的项目进行市场化的改造，以确保这些项目能众筹成功，进而在市场上大放异彩。

知识链接　国内众筹项目融资金额 TOP10（截至 2015 年 4 月）

项目排名	项目名称	项目所属领域	融资金额（元）	众筹平台
NO.1	小 KMINI 智能微插	科技众筹	21141899	淘宝众筹
NO.2	博乐宝互联网智能净水器	科技众筹	20899108	京东众筹
NO.3	洛克菲勒智能一代自行车	科技众筹	7967259	京东众筹
NO.4	众筹你的厨房时光机 +Wi-Fi 侠	科技众筹	7126502	淘宝众筹
NO.5	万壕计划 · 轻塑果饮众筹微商	电子商务	5712204	京东众筹
NO.6	Papa 口袋影院	科技	3575113	淘宝众筹
NO.7	腾讯雷霆手机	科技	3351495	京东众筹
NO.8	车挣盒子	科技	3263043	淘宝众筹
NO.9	极豆智能车载导航	科技	3233918	京东众筹
NO.10	iFunk 影刃高性能超极本	科技	2816837	京东众筹

3.1.2 具有诱惑力的计划才能大展钱途

一个漂亮的人，除了天生丽质之外，后天的打扮也十分重要。一个成功的项目，除了本身的市场潜力之外，如何对项目进行好的设计宣传也十分重要。正如前文介绍的那些成功案例在项目设计上的成功一样，一个成功的项目，不管是商务性质的还是公益性质的，如何进行精致化的项目设计将对项目的成败起到重要作用。

毕竟，对很多项目的投资者来说，他们并不专业，对项目进行投资也只是抱着重在参与，或者就是为了实现别人的一个梦想贡献自己的一份力量而已。这时，项目发起人要做的就是尽可能地向投资者描绘项目的前景，帮助他们看到这个项目的市场潜力或者说这个梦想的伟大之处。只有这样，才能激发投资者为项目投资的欲望。这些计划的设置，可以说从项目的标题开始，一个响亮和具有诱惑力的项目标题能够起到“先声夺人”的作用。

如果发起人连自己也不知道如何描述自己项目未来的发展前景，投资者怎么会产生投资项目的信心？规划并展示项目未来的发展前景之所以重要，就是因为众筹项目的投资人主要有两种，第一种就是希望自己的投资能成就一个伟大和有意义的项目（这是公益性众筹项目和高科技产品的众筹如此受到追捧的重要原因），第二种就是能够获得丰厚的利益回报（这也是股权型众筹如此火爆的重要原因），而这两个目的的实现，都需要建立在项目具有广阔的发展前景的基础上。懂得规划项目和企业的发展蓝图，同时将企业的远景呈现出来，也是一个优秀企业家必不可少的一种能力。

众筹案例　马云用伟大的计划展望赢得人才和资金

作为中国内地的首富，马云缔造了他的阿里巴巴帝国，他的B2B电子商务模式更是颠覆了国人传统的购物方式，开创了全民网络购物的新时代。在互联网平台下，国人能否接触到和可选择的商品达到了前所未有的规模。说得简单一点，马云的阿里巴巴为全国乃至全世界的消费者缔造了一个基于互联网平台下的超大型的商场，商场里面有来自全国乃至全世界的数百万家店面和数以亿计的各种商品。作为一个开创性的创业计划，马云的这一计划在他整个创业过程中都获得了支持者和跟随者。

在创立阿里巴巴集团之前，马云只是杭州的一名优秀的英语教师。随后他接触了互联网，并成为国内最早的互联网玩家之一。1995 年，马云开始创业，他创办了中国第一家互联网商业公司——杭州海波电脑服务有限公司，这家微型企业只有三个员工——马云、他的妻子张瑛和何一兵。1995 年 5 月，马云团队创办的中国黄页正式上线，通过做周围朋友的生意来获得收益，而当年的 8 月，中国才能上 Internet。

1995 年 7 月，马云的中国黄页为浙江省外宣办做了一个名为“金鸽工程”的网站，来宣传浙江的经济文化。由于杭州电信也作了一个中国黄页网，为避免激烈的竞争，马云不得不将自己的中国黄页网和杭州电信合并，并以 60 万元的价格获得了合并企业 30% 的股权。

1997 年，获得外经贸部进京成立中国国际电子商务中心（EDI）邀请的马云，将自己原来持有的中国黄页 21% 的股权，以每股两三毛钱的贱价换取了十多万元的现金，带着团队进京开发了外经贸部官方网站、网上中国商品交易市场、网上中国技术出口交易会、中国招商、网上广交会和中国外经贸等一系列网站。

1999 年 3 月，马云正式辞去公职，带着 18 个人的团队回到杭州，创办了阿里巴巴。阿里巴巴的创办可以说是一次众筹，这被称为十八罗汉的创业团队总共筹集了 50 万元的资金。

此后，阿里巴巴开始迈向腾飞之路。除了这 18 个人的初期团队之外，马云还获得了 Invest AB 副总裁蔡崇信的加盟。当时的蔡崇信年薪 70 万美元，而加入阿里巴巴之后他最初能够获得的月薪是每月500元人民币，但是当马云向他介绍自己创业梦想和企业的发展目标之后，蔡崇信只考虑了4天就决定辞去原来的职务，加入马云的创业团队。蔡崇信的加盟，给阿里巴巴这家先前的家族式企业带来了专业化的管理和运作模式。

1999年10月和2000年1月，阿里巴巴两次共从软银等国际投资机构融资2500万美元。2003年5月10日，著名的淘宝网上线，与eBay易趣C2C为争夺国内市场展开激烈竞争，并击败对手成为国内的行业龙头。

2004年12月，马云创立第三方网上支付平台支付宝。阿里巴巴帝国初步成型。2005年8月17日，雅虎宣布以10亿美元现金和雅虎中国全部资产为代价，换取马云创办的阿里巴巴40%的股份和35%的投票权，并由马云出任中国雅虎董事局主席。

之后的阿里巴巴一路飞速发展，创造了一系列举世瞩目的商业成就。

马云之所以能获得各方人才的加盟和巨额的投资，很重要的一点就是他能够很好地展现自己的计划。不管是“18罗汉”、蔡崇信这些人才，还是软银和雅虎这些著名的企业和投资机构，马云都形象地向他们展现了阿里巴巴未来广阔的发展前景，那就是将成百上千万家中小企业的商品放在阿里巴巴的网络平台上，并将他们展现给全国乃至全世界的消费者。这将带来一场深刻的商业变革，同时也将创造海量的商机！正因为如此，这些人才和企业才会在如此巨大的利益诱惑面前，加入到阿里巴巴的发展进程中来。如果马云不懂得规划企业的未来，并将自己的计划展现出来，那么也许不会有阿里巴巴的今天。

作为在互联网上发起项目的创业者来说，他们的企业绝大多数的情况下往往处在最初级的发展阶段，有的甚至只有一个创业构想。正因为如此，如果只是展现企业的现状，往往是无法吸引投资者为项目进行投资的。这时，项目发起人就需要通过展现企业未来广阔的发展前景（尤其是当下最流行的股权式众筹）来吸引投资者。毕竟，每一项投资行为的产生，都是理性思维与主观情绪相互作用的结果，而对项目的规划和展望就是在主观情绪上激发投资者投资冲动的重要武器。

以股权众筹为例，投资者之所以会对项目进行投资，看重的是企业的长期发展以及其增长的空间。但很多投资者并不是专业人士，他们无法去分析这个企业在未来的发展当中获得怎样的发展空间。这时候，就需要项目发起人将企业的发展前景勾画出来，也就是人们常说的“画饼”。当然，在现实中，这个“大饼”能不能做成将是另外一回事，因为没有哪一个创业型的企业能够确保企业的未来完全如自己规划的那样，但要想获得投资就必须规划和展望，这就是投资市场当中的现实。

当然，积极展现企业未来的发展计划并不是毫无根据地吹嘘，它需要以理性而专业的市场和行业分析作为基础。当今社会各方面的信息已经十分通畅，那些非专业的投资者哪怕不了解这个领域，也可以通过各方面资讯的收集，大致了解这个领域的发展现状以及未来可能的走势。他们对项目或者企业的发展前景具有敏锐的洞察力，创业者对企业未来发展的凭空吹嘘很难逃过他们的法眼。虽然这些专业的投资者只是众筹投资者中的少数，但这些人在平台当中将发挥重要甚至标杆性的作用。如果发起人对项目吹嘘过头，一旦遭到专业投资者的质疑而难以自圆其说，就很可能对项目的众筹造成致命打击。正因为如此，这些众筹项目的前景展望可以夸大（事实上这几乎难以避免）但绝不能是毫无基础地浮夸。这中间尺度的把握，同样考验着项目发起人的智慧。

3.1.3 基本信息的展示是赢得信任的基础

我们在社会当中做的任何事情，都是建立在了解的基础之上。毕竟，人作为一种高等动物，虽然已经有很强的社会性，但依然保持着一般动物的本性，即喜欢在自己熟悉的环境中生活，愿意接受自己了解的事物，对陌生的环境有恐惧感或者会紧张，对陌生的事物会保持距离甚至排斥。

作为一个新型的融资方式，众筹对很多网友来说是新鲜而陌生的。正因为如此，项目发起人如何介绍自己的项目，确保投资者能够很好地了解这是一个什么样的项目，它的价值或者意义何在，投资这些项目将有什么样的回报等。只有详细了解项目的信息，才能提高投资人对项目的认可度，增加融资成功的概率。

在很多投资人眼中，为项目投资就像花钱购买一件商品，如果不能在短时间内了解这个商品的使用价值，那么消费者就会对这件商品失去兴趣，并将注意力转移到别的商品上，毕竟在各大互联网平台上还有众多的项目在等待着他们。

当项目发起人无法清晰地将投资者最关注的项目信息进行介绍时，这个项目很可能就会失败。试想一下，如果项目的发起人连项目的相关信息都介绍不清楚，投资者怎么可能带着满脑子疑问，冒着风险为项目投资呢？

一般情况下，众筹项目的信息展示主要由项目本身的信息和项目众筹有关的信息两部分组成。项目基本信息的介绍，就是要告诉投资者，自己发起的是一个什么样的项目。这个项目的名称是什么，项目的衍生品是什么，有什么样的使用价值。项目在行业当中处于什么样的地位，与项目类似的企业或者产品是什么，项目有什么样的优势和发展前景等。如果项目是非商业领域的，可以介绍项目是针对哪个领域或者哪一个群体或者个人的，本身有什么样的社会价值和意义。

除了项目信息基本介绍之外，项目的发起人还应该对项目众筹的其他有关信息进行介绍。比如自己为什么要为项目发起众筹，也就是项目发起人介绍自己发起这个项目的初衷。每一个项目本身都应该会有强大的驱动力，这个驱动力既是项目发起人发起该项目的动力，同时也是投资者对其进行投资的动力。

在介绍自己发起众筹的初衷时，项目发起人应该用激情动人或者用温情感人，如果不能用充满激情和温情的文字来打动投资者，别人凭什么为你的项目投资呢？

除了项目众筹的初衷之外，还有一个重点就是项目的回报方案的介绍。通过介绍让投资者明白自己的投资除了能够成就一个伟大或者有意义的项目之外，自己还能获得什么样的实实在在的利益。如果说对项目意义和价值以及发起众筹项目初衷的介绍是一种感性的召唤的话，那么项目的回报方案的介绍则是一种理性的利益驱动。回报方案的介绍也是项目中必不可少和至关重要的环节。

在介绍项目的过程当中，需要时刻注意的就是要做到简单明了、通俗易懂。这既是为了方便投资者看懂这个项目，同时也能展现项目发起人对这个项目的理解程度。因为只有充分了解这个项目，才能用通俗易懂的方式来介绍项目。

此外，项目发起人的自我介绍也应该成为项目介绍内容的一部分，因为它能增强投资者对项目发起人的信任。尤其是公益性的众筹项目，项目发起人的个人信息，至少是与项目有关的个人信息（即自己参与这个项目的历程）几乎是必不可少的，因为这种没有太多回报的众筹更需要以信任作为基础。

此外，对个人的介绍也能够增加项目的吸引力。对于这些项目来说，项目的发起人或者说企业的创始人是这个项目的灵魂。而且在项目融资过程中，项目发起人还需要与投资者和潜在投资者保持密切的交流和互动。这正如常规的网友一样，对方的资料越详细，越能增强信任感和亲切感。他们会将对项目发起人的印象，作为评判这个项目好坏的重要依据。在投资金额不多的情况下，项目的成败往往就需要拼人气、搏感情。只要聊得好，项目本身的商业价值或者社会意义并不是十分重要了。

3.1.4 了解你的项目到底需要多少资金

项目资金的设定是众筹项目设置过程中的重要内容。在大多数平台的运作机制下，能否在预定时间内筹集到项目发起人设置的最低融资金额，将直接决定项目的成败。

项目的资金设置应该以什么为标准呢？可以肯定的是，设定的最低融资额过高或者过低都不好。有的人可能会觉得，项目的最低融资额度太低没有关系，毕竟有的融资项目实际的融资额，会达到设定的最低融资的几十倍甚至几百倍。要知道这些项目只是少数，只有那些特别有市场前景的项目才有这样的号召力。如果融资额设置得过低，将难以解决项目运作的资金问题，毕竟创业企业不能为了众筹而众筹，必须要通过众筹项目为企业初期的发展筹集到必要的资金。

如果项目众筹设定的融资目标过低，就可能会浪费投资者资源。比如项目本来需要 50 万元的启动资金，而创业者在发起众筹时将目标融资额设定在 20 万元，一旦达到这个额度，那些早期投资者往往就不会再为项目的融资做更多的努力，因为他们的目的已经实现，即能够通过项目众筹的成功获得回报。而实际上，项目众筹获得的融资并不足以满足企业所需要的启动资金。那么，在这次众筹中，项目发起人就会因为目标资金设得太低而浪费了那些优质投资者（大额投资者和早期投资者）的人脉资源，也会失去用这次众筹满足企业资金需求的机会。

很多人觉得可以进行多次小额融资来确保项目既能众筹成功，又可以筹集到足够的资金，实际上这是一种并不成熟的想法。

首先，项目的融资必须要“师出有名”。一般情况下，为同一个项目的同一个发展阶段融资，最容易面临的问题就是信任危机。投资者要么会认为创业者对企业的运作能力不佳，或者不够专业，导致项目一再超支；投资者要么会直接认为创业者是骗子，项目不过是用来骗钱的幌子。这不但会影响这一次众筹的成败，甚至还会动摇已参与投资人的信心，影响企业的后续发展，最终得不偿失。因此，对项目发展的每一个阶段进行融资时，最好进行事前评估，以便尽可能通过一次融资，来满足项目在这一阶段的资金需求。

融资额设定得过高，会给项目的成功融资带来难度，尤其是在那些“零或者全部”的众筹平台发起项目更是如此，一旦融资额没有达到设定的最低融资额度将被视为失败。如果众筹失败，对项目的打击同样是十分深远的。因为很多在众筹网发起众筹的企业，其融资的来源不仅仅是在互联网平台上，还包括线下的资金渠道，比如风险投资或者天使投资。这些投资机构常常会将项目在互联网上众筹的成败，作为该项目是否值得投资的重要参考指标。

在目前的市场上，大多数企业的主要融资来自线下，很多企业在线下获得资金常常会是众筹融资金额的数倍甚至数十倍。

此外，为项目众筹设定太高的融资额也会对企业的利益造成损害。一家具有长远发展前途的企业，其价值成长的空间也是十分广阔的。如果企业发起的是股权式众筹，那么这些投资者将获得企业的股份。随着企业价值的不断增长，这些股权的价值也会增长。因此从长远来看，那些超过企业发展所多出来的融资将成为一种损失。如果一家很有发展潜力的企业，原本的启动资金只需要 100 万元，而该企业当时的估值是 1000 万元，那么企业需要拿出 10% 的股份来与投资者进行交换。如果企业在发起众筹时设定的金额为 200 万元，那么他需要拿出 20% 的股权与投资者进行交换。那么，在这次的融资中，多出来的 100 万元有可能被闲置，企业却要为此多付出 10% 的股权给投资者。合理的项目融资对众筹成败的另一个重要作用在于，它能反映出项目的可信度，尤其是那些公益性质的项目。

比如为 10 个孩子 5 年的学费发起的众筹，假如他们需要的学费原本是 5 万元，那么不管这个项目最终能筹集到多少钱，项目发起人都应该将最低融资金额设定为 5 万元。如果项目发起人将最低融资金额设定为 10 万元，就会引发质疑，从而导致项目失败。

由此可见，设置一个合理的最低融资额度是极其重要的，这个合理的标准就是项目运作所需的资金额。自己的项目到底需要多少资金，是项目发起人在发起项目之前必须要清楚的。只有这样，才能在发起项目众筹时设定合理的融资目标。

这个例子对项目的众筹尤其是股权型众筹来说同样适用，也就是说项目的融资够用就好。毕竟这些投资不是免费的，获得的融资越多，付出的回报也就越多。一旦企业获得了快速发展，随着时间的推移，这些融资尤其是多出的融资会越来越显得得不偿失。由此可见，项目的发起人在发起项目时要保持清醒和理智的头脑，不要“见钱眼开”，不能认为“多多益善”，通过众筹获得企业发展所需要的资金，就是一种胜利。

在融资时要充分了解项目的资金需求，既要满足项目的运作需要，同时也不要一味贪多，以免这些融资在后期过多分食创业者的利益。

3.1.5 选择正确的众筹模式很重要

目前的众筹模式已经越来越多样化，选择采用什么样的众筹模式为项目发起众筹，往往会决定项目的成败。

在选择用什么样的众筹模式发起众筹之前，项目发起人应该根据项目的实际情况来选择合适的众筹模式。比如项目有具有市场竞争力的衍生品，可以直接用一般的回报型众筹，以产品的打折预售的方式来获得众筹融资；如果项目还完全处在初始阶段，没有衍生品，或者企业并不是生产型企业，那么就不适宜采用回报型众筹。一些企业在发起众筹时，明明没有衍生品，还强行使用回报型众筹模式，然后用与项目经营范围无关的其他企业的产品作为投资回报，这很容易导致众筹的失败。

由此可见，这种对项目众筹模式的精准采用，绝不是一种吹毛求疵，而是完全明智和有必要的。

因此，如何用正确的众筹模式为企业的发展筹集到足够的资金，同时减少企业的损失，是每个创业者在发起项目之前都应该仔细斟酌和考虑的。只有用合适的融资模式去融资，创业者才不会在未来因为选错众筹模式而为这次的融资后悔。所以说，在发起众筹之前，了解各种众筹模式的特点很有必要。

众筹类型	项目的回报	众筹的特点	适合的项目
债务型众筹	到期还本付息	能较好地确保投资人的收益	短期急需资金度过难关、且项目在借款期间具有盈利能力、企业或项目的创新能力不强
奖励性众筹	以项目的衍生品或相关产品为投资回报，还有少量的项目会以其他的方式或者物品作为回报	一种比较普遍的众筹方式，能够吸引对企业产品感兴趣的投资人，投资人实际上就是产品的消费者，这些人的投资本质上来说就是一种提前付款的行为	项目具有较强的创新能力或产品具有较强的市场号召力，能够吸引投资者为企业的创立或产品的诞生进行投资、并最终接受项目衍生品作为投资回报的项目
股权式众筹	企业的股权	以企业的股权吸引长期投资者，能够让企业与投资人之间的关系更加紧密。同时有机会获得投资人对企业的长期支持	具有较强创新能力、较大增长空间的项目，或者是那些已经比较成熟的股份制企业
捐赠式众筹	适当的物质、精神奖励或者完全没有回报	项目很有创意、价值或者社会意义	项目具有创意或者实践意义，但几乎不具备商业价值的特点、多用于各种社会公益项目

表 3.1.5-1　常见几种众筹类型的特征比较

3.1.6 要学会将创意进行市场化包装

在这个充满梦想的时代，每个人都有机会将梦想放在一个个拥有众多观众的平台上进行分享，众筹平台就是这样一个展示梦想的大舞台。当然，并不是所有的梦想都能成功获得足够的帮助。梦想可以大声说出来，但要真正获得别人认可甚至为你的梦想“买单”，还需用一种市场化的方式呈现。于是，一个个众筹平台也成了一个个梦想的竞技场，只有经过精心包装的梦想，才能从中脱颖而出，获得融资的机会。

毫不夸张地说，众筹不管发展到什么阶段，演进到什么时代，它都无法脱离其作为一种市场融资模式的本质属性，这也决定了众筹在大多数的情况下都是一种市场行为。虽然在目前的众筹平台上不乏很多公益项目的众筹，但它们的项目呈现方式与那些商业性质的众筹项目并没有太多区别，只不过回报由物质和金钱变成了施惠于人的精神上的满足感。实际上，社会上的各种项目融资同样如此，一个想法好不好，最终还需要拿到市场上进行检验。

因此，你的梦想在产生的时候就应该带有强烈的“市场气息”，这就是人们常说的“金点子”，也是能够“产生”金钱的点子。那么该如何使自己的梦想变成“金点子”呢?

首先，要时刻关注市场、了解市场，培养市场嗅觉。弄清楚什么是市场，当今的市场热点是什么，哪些项目会激发潜在投资者的关注，只有弄清市场所需，才能“对症下药”，使自己付诸于众筹平台上的梦想，被广大网友知悉并认可，从而获得成功融资的机会。

图 3.1.6-1　为音乐梦想而发起的众筹

其次，是对梦想进行“市场化改造”。这句话的意思就是说，将我们一个普通的点子改造成一个具有市场潜力的项目。在生活中，各种奇妙的点子，也许每个人都能说出几个来，但要将这些点子变成一个具有市场潜力，可操作、可进行投资的市场项目，却不是每个人都能办到的。

在大大小小的互联网众筹平台上，每天都有很多人为自己的项目发起众筹。这些众筹能否成功，很大程度取决于其是否具有市场潜力。因为众筹平台既是一个展示和分享梦想的舞台，更是一个市场化的投资平台，项目发起人和投资人实际上和正常的商业融资并没有什么两样。

最后，将梦想改造成项目。精致化或者说规范化地将梦想改造成项目，能够很有效地打消潜在投资者的疑虑，让他们不会认为这个所谓的梦想就是来“骗钱”的。相反，不具有任何市场潜力及可操作性的众筹项目，就算描述得再好也很难获得别人的支持和认可。商业世界变化莫测，众筹发起者要跟上反复变化的市场环境，不断创新，使自己的梦想更加“圆润”，只有这样才能使自己的众筹项目具备竞争优势。

众筹案例 希望工程

希望工程可以说是我国教育公益领域的一个里程碑。说到希望工程，很多人可能会第一时间想到那个渴望读书的“大眼睛女孩”苏明娟。正是这个女孩，给希望工程增添了一种能直击人心的感染力。

1991 年 5 月，中国青年报摄影记者解海龙到金寨县采访拍摄希望工程。他跑了十几个村庄，最后来到张湾小学。在选取摄影素材的过程中，7 岁的张湾小学一年级学生苏明娟，一双特别能代表贫困山区孩子“渴望读书的大眼睛”打动了解海龙，于是他为苏明娟拍摄了一张照片。在这张照片中，苏明娟手握铅笔头、两只直视前方，显示出了对知识的渴求，那被冻得皮肤开裂的小手显示了贫困儿童生活的艰苦和求学环境的艰难。

这张题为“我要上学”的照片发表后，很快被国内各大报纸杂志争相转载，成为中国希望工程的宣传标志，苏明娟的那双渴望读书的大眼睛也随之成为希望工程的形象代表。

从众筹的定义来看，希望工程开始发起时，属于传统众筹的范畴。而它之所以能够受到全社会的关注和认可，就是因为发起人或者组织者不仅仅就是提出一个口号或者一个愿景，而是在其实施的整个过程中进行了细致的展示和包装，苏明娟的这张能够打动人的照片就是其中之一。如果没有这些具有强化效果的包装，即使希望工程的发起方讲述再多的例子或者罗列再多的数据，也不一定能够引起人们的共鸣。

希望工程在香港发动筹款时，很多人看到这张照片后，都被吸引并驻足观看，然后询问工作人员：“这是真的吗？”在得到肯定的答复之后，他们就开始掏钱为希望工程捐款，这就是项目包装的效果。

梦想再好，再有意义，你心中的想法与别人听到和看到的东西是两码事，同样不会有人为你的理想“买单”。所以，只有通过精致化的包装与设计，将自己的“金点子”完美地呈现在潜在投资者面前，尽可能地与他们产生共鸣和契合。只有达到这种效果，才会增加项目融资成功的可能性。

众筹项目操作实践

下面我们通过众筹网上一个成功的众筹项目——“金色摇篮——一茶一天堂”来交流探讨如何将自己的梦想转化成一个可投资的项目。

第一，按照互联网众筹平台的要求，制定规范的项目计划，并按各个流程要求填写内容，要让潜在投资者知道这是一个什么样的项目。具体内容可参照下图。

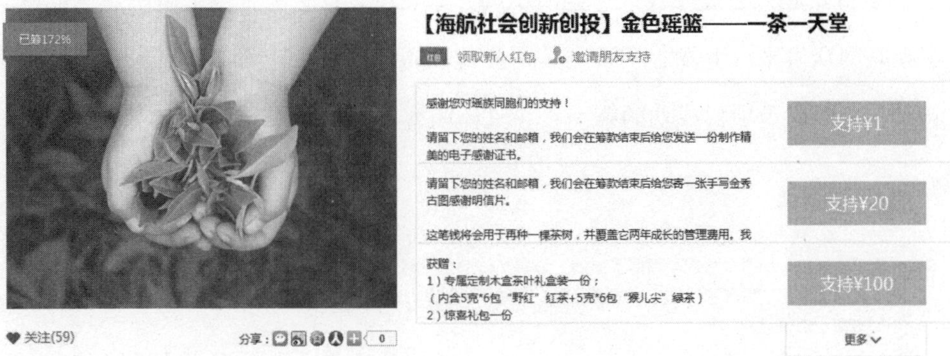

第二，可借助自制视频等宣传工具对所发起的项目进行进一步的介绍，让投资者很直观地了解到项目发起人的初衷，以及项目的价值所在。具体内容可参照下图。

第三，对项目发起人进行介绍。

“互联网上骗子多”这是很多人的直观感觉。众筹项目的发起人和潜在投资人之间的不信任，可以说是发起众筹项目尤其是公益项目面临的最严峻的挑战之一。因此，如何解决双方间的信任问题，应该成为项目介绍和展示的重要组成部分。

项目发起人通过照片或视频展示的方式，可以在很大程度上解决这一问题。在互联网众筹平台上发起项目尤其是公益性质的项目，让潜在投资人相信项目发起人，可以说是项目成功的第一步。具体内容可参照下图。

我们是谁？

“玩得了创意，想得了方案，写得了策划，做得了传播，干得了细活，当得了苦力，熬得了加班，废得了周末，装得了文艺，扮得了忧郁，掉得了节操，开得了玩笑...”这是五个在公益传播中摸爬滚打得不亦乐乎的90后对自己的描述。

万万没想到，和这群初出象牙塔的有（dou）志（bi）青年共事的，竟然都是在公益和商业领域里混迹多年身经白战的老年黄金双雄！

“搭建一个Cool的公益活动平台和热爱公益活动的Fans的聚集地”因为有着相同的理念，“2+5”组成了范公益。范范希望在这样一个平台上，用最炫酷的方式演绎公益，用最宽广的胸怀承载公益，用最柔软的心温润公益，用最清澈的目光看见公益。

图 3.1.6-2　项目发起人介绍

第四，在介绍完项目发起人之后，可再次回到项目本身，对项目内容进行进一步的介绍。在“金色摇篮——一茶一天堂”这个案例中，“瑶胞、扶贫、环保”可以说是整个项目当中的亮点，发起人在进行项目的介绍方面也紧扣这 3 大主题，条理清晰地阐述了项目的重要意义所在。具体内容可参照下图。

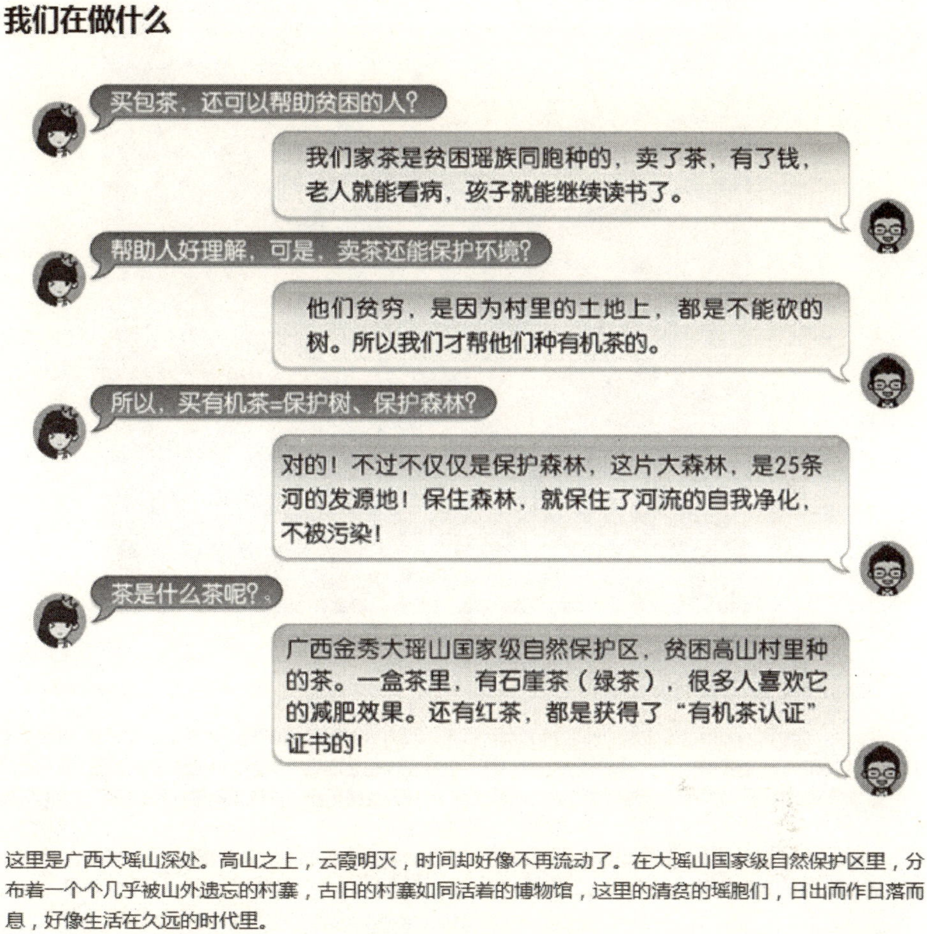

图 3.1.6-3　项目的进一步介绍

第五，对项目内容进行实景介绍。众筹项目的投资人向项目提供融资，可以说是理性与感性两者相互作用的结果。因此，通过介绍对这个项目所做的长期的艰苦努力来感召广大的潜在投资人，这种身体力行的例子更具有感召力。试想，如果这些项目的发起人只是一群偶然路过的驴友，而不是已经为此进行了长达3年的实际努力的参与者，那么感召效果就会大大降低。而一再强调公益性，则大大提高了这个案例的竞争优势。具体内容可参照下图。

我们为什么需要你的支持

三年来，我们帮600户贫困家庭，种下2400亩有机茶，72万棵茶树的成活率达到91%。这一切，让他们梦想中的幸福家园，越来越近了。我们深信这片传统、全无现代化之地的产物必能得到消费者欢迎。我们设想，如果普通人的每一次购买，都能够实实在在地让我们的环境变得更好，这样是不是一种真正可持续的环保？

但随着现代市场的巨变，我们真切感受到：与希望相伴着的，更是一种责任和惶恐。3年前我们许给村民的承诺，是否真的能实现呢？

图 3.1.6-4　项目的实景介绍

第六，设置项目回报，这也是整个众筹项目中至关重要的一环。正所谓“天下熙熙皆为利来，天下攘攘皆为利往。”逐利可以说是人类的本能，因此在发起众筹项目时，利益驱动可以说是促使投资人最终决定投资的最重要动力之一。因此，哪怕是公益性质的众筹，项目回报依然是不可缺少的一环。因为项目回报体现了项目发起人的诚意，以及对投资人的一份尊重与感激。这个案例中设置了多个等级的融资额，即 1 元、100 元、10000 元、20000 元和 30000 元。当然，不同等级的投资额所产生的项目回报也是不同的。详细介绍如下。

（1）1 元。这个项目中设置了 1 元钱的融资额，这是一个很明智的设置。一方面，这是一个公益项目，而在一般人的眼中，“公益面前人人平等”，就算是一块钱也体现着一份爱心。项目发起人对这一档融资的回报方案中，设置了电子档的书面感谢信，这也充分展现着发起人对投资人的真诚和尊重，可以说是一种对公益的深刻理解的表现。

此外，这样一档超低融资额度的项目还有一个作用，就是这些投资者能为项目带来人气，正所谓“有钱的捧个钱场，没钱的捧个人场。”只要人气起来了，项目获得投资的机会就会大大增加。这些人虽然投（也可以说是捐）的是 1 元钱，但并不代表他们对项目支持热情不高。这些人依然可以成为项目的宣传人员，他们投的是 1 元钱，但也许能让周围的亲朋好友或者天南海北的网友为项目投入更多的资金。

支持1元

感谢您对瑶族同胞们的支持!

请留下您的姓名和邮箱，我们会在筹款结束后给您发送一份制作精美的电子感谢证书。

（2）100 元。这个项目中对 100 元投资额设置了实物性回报，这也是一种比较明智的设置。因为作为公益性质的众筹项目，100 元钱对投资者来说，如果是完全没有实质性回报的捐赠，他们可能就会犹豫。毕竟 100 元对普通人来说不是随随便便就可以捐献的数额。这时，实物性的回报就能很好地平衡他们的犹豫心理，而且项目还将这一额度的投资者列入视频结尾的感谢名单，从名与利或者物质和心理两方面充分照顾了投资者，可以说是深谙为人处事之道。

支持100元

获赠：

1)专属定制木盒茶叶礼盒装一份;

(内含5克*6包"野红"红茶+5克*6包"猴儿尖"绿茶)

2)惊喜礼包一份

3)手写金秀古图感谢明信片一张;

4)神秘实体礼品数份;

5)金秀瑶族村落介绍及帮助对象手册(电子版)

6)出现在我们视频尾部的感谢名单

获邀：

1)项目顾问的身份，与我们一起帮助瑶民;

2)加入微信群，实时关注项目最新动态。

(回报照片：茶叶外包装+有种图+明信片)

（3）10000 元及以上。该项目的另一大特色就是项目的融资额设置了 10000 元（包括 20000 元、30000 元）等融资金额相对较高的额度，这在公益众筹当中是十分少见的。公益性的众筹项目太大的融资额常常具有很大的风险，因为很少有人愿意花上万元去进行扶贫性质的公益项目。而这种“从天上到地下”的融资额度的设置，既符合公益的原则，同样也很好地体现了众筹的原理。

值得一提的是，该项目 10000 元额度的融资获得了 3 笔投资，也成为这个项目获得成功的最重要力量。（这也从侧面显示了该项目主题本身确实缺乏特色，很多潜在投资者并不看好。）是什么原因让该项目获得了这么高额度的投资呢？首先我们来看一下此案例中 10000 元投资额度的回报方案，见下图。

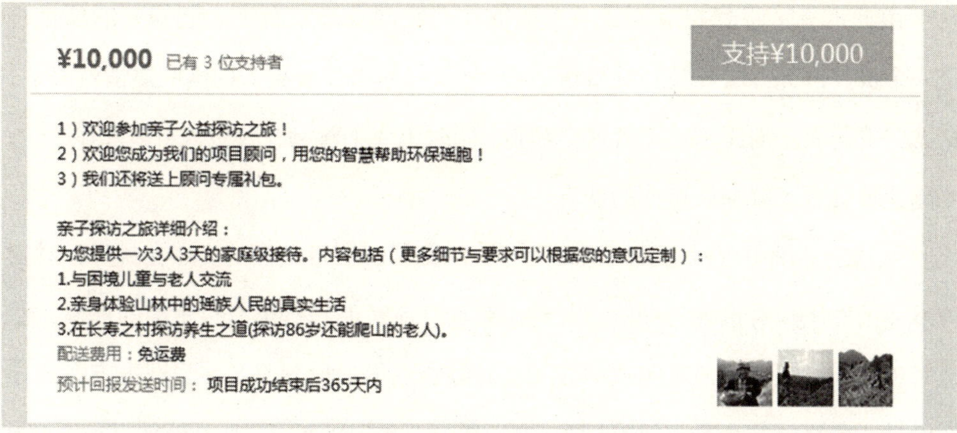

很多人看了这个 10000 元的回报方案之后，可能会觉得该方案平淡无奇，甚至是“口惠而实不至”，属于很空洞没有实质类内容的回报方案。

实际上，该方案的设置十分高明。因为能为公益项目投资 10000 元的人通常情况下经济实力都相对较强，常规的一些物质回报也许很难打动他们。因此该回报方案紧抓热点，将对投资者的回报设置为到瑶山进行实地亲子游。这个方案涉及公益、养生，以及生态、民俗旅游，还结合了时下最热门的亲子游，并且十分注重参与互动性，甚至连实物回报都设置了悬念。这一回报方案可以说是为那些有钱人量身打造的，很好地将现有的项目资源进行了高端化的包装，这也是该融资额获得可观投资的重要原因。

这个案例应该算得上是将梦想包装成一个融资项目的典范。该项目本身算不上有太大的市场潜力或者突出的公益性。正常情况下，发起该项目的众筹甚至有失败的可能，但项目发起人对项目的包装做得十分成功甚至称得上精彩。他们讲究“有图有真相”，通过文字、图片、视频等多种方式将投资者想知道的东西全方位呈现，让投资者全面了解、打消疑虑，从而解决了双方之间的信任问题。此外，在对项目进行介绍时，还做到环环相扣，不断凸显项目的公益价值，强化了项目的卖点，为项目吸引投资打下了坚实基础。

由此可见，将梦想改造成一个能够在互联网众筹平台上发起众筹的项目，是一个极其讲究方法和技巧的事情。这不是仅仅靠项目发起人的满腔热情就够了，它需要发起人全面深刻地了解这个项目，同时也要了解潜在投资人群。只有这样，才能让投资者了解和认可你的梦想。

从这个案例中可以看到，项目发起人深刻了解项目最强的卖点在哪里，对公益事业的性质也有很深的理解。此外，对社会流行的趋势也有很精准的把握，通过对项目和发起人的清晰明快的介绍，对融资额度的设置以及项目回报方案的合理设计，最终让一个并不算有特色的公益项目融资成功。尤其是该项目在10000元额度融资的成功也充分说明，任何众筹项目只要包装设计合理，就能够起到“点石成金”的作用。

3.1.7 用评价工具来检验众筹的接受度

随着互联网在全世界逐渐走向互联互通，众筹也越来越走向国际化。尤其是欧美等发达国家由于在政治、经济方面来往密切，再加上有发达的互联网设施作为基础，因此这些国家和地区的众筹可以跨国进行。也就是说，一国的创业者可以到别的国家的众筹平台发起众筹，投资者也可以在别国的众筹平台上对感兴趣的项目进行投资。在这种环境下，不管是创业者还是投资者都有了更多的选择。

尤其是创业者，要想通过众筹平台获得融资，除了设计合理的项目方案，选择合适的平台外，还应该选择最具众筹氛围的国度来发起项目。

要了解一个国家或者地区的众筹氛围是一件十分复杂的问题，但随着众筹这种融资方式发挥越来越重要的作用，评估这个国家或者地区的众筹氛围将是发起项目一件必不可少的前期准备工作。

众筹氛围的评估之所以十分复杂，是因为它受到一个国家或者地区的文化、地理、政策甚至是宗教和传统风俗习惯的影响。

为此，世界银行专门制定了一个评估体系，通过从基础条件、文化、资本以及政策监管四个方面入手，对一个国家或者地区的众筹氛围做出大致的评估。

基础条件

所谓的基础条件，就是指众筹发展所需要的各方面必要的硬件条件。比如互联网众筹首先就离不开互联网，这是现时代众筹能够诞生的先决条件。因此，要评估一个国家或者地区的众筹氛围，首先就要看这个国家或者地区互联网的普及程度如何。只有在互联网充分普及的情况下，广大民众才会通熟练使用各种网络操作，将互联网当成生活的一部分，并因为熟悉而对互联网上的各种商业行为产生基本的信任，众筹平台才有可能聚集足够数量的潜在投资人。

对于互联网的普及程度，又可以通过固定网络线路的铺设、3G、4G 的覆盖程度以及电脑和智能手机的普及率等方面来进行判断。

除了这些硬件设施之外，还要看民众对于互联网的运用程度，其中一个重要的参考指标就是社交媒体的活跃度。以我国为例，微博、微信、朋友圈以及各大论坛与贴吧都十分活跃，由此显示我国民众对互联网应用比较发达。

另一个要素就是传统金融与互联网的连接状况如何，这将影响创业者在互联网平台上进行融资或者投资者投资的便利程度与成本。

比如我国的各大银行很早就开通网上银行，民众在互联网上进行各种投融资行为都比较便利。以上这些都是决定互联网普及程度的重要参考指标。

此外，民众的知识水平也是决定一个国家和地区众筹氛围基础条件的重要方面。

互联网众筹是一种以先进技术作为基础的相对专业的金融活动。要参与这种金融活动，必须要具有基本的知识水平。此外，知识水平的高低也会影响民众的投融资意愿度。比如，那些接受教育程度比较低的人，往往不愿意将自己的钱拿去投资（比如我国农村地区的居民喜欢把赚来的钱存起来）。而那些大城市中的居民，或者受过高等教育的民众愿意把自己的闲置资金拿去投资。良好的教育带给他们的不仅是一种更加“开放的思想”，而且还有与金融投资有关的专业知识和操作技能。正因为如此，那些整体教育水平较高的国家和地区，在互联网水平比较发达的情况下，往往愿意参与互联网上的投融资活动。只有具备了以上基础条件，这些国家和地区的众筹平台上才有足够数量的潜在投资者。

文化与社会舆论

创业可以说是这个世界永不褪色的时代主题，而且几乎任何历史阶段，都不乏创业者。创业热潮的出现除了这个国家的经济发展水平之外，整个社会的文化与舆论同样是重要的影响因素。从发展阶段来讲，水平太高或者太低都难以产生创业热潮。水平太高的话，社会各领域的经济格局基本已经定型，几乎每一个领域都“深处红海”，需要面临激烈的竞争，创业的风险较大（当然，其中也不乏伟大的创意带来的商业奇迹）；如果发展水平太低，创业将面临资金与市场的问题，创业成长的空间有限，这种不利的社会环境会导致创业的先天不足。而那些经济具有一定基础并处在快速上升阶段的国家和地区往往更容易形成创业热潮。

从社会氛围来说，很多国家在历史上都出现过重农抑商的思想。当今世界虽然这种思想只出现在极少数极其落后的农业国家，但也可能会出现重视传统商业及投融资模式而轻视创业和新兴投融资模式的思想，或者整个社会的民众缺乏信任感，这都将严重抑制互联网众筹这种新型融资模式的发展。

政策因素

一个国家的政策对这个国家的经济发展水平具有重大影响，任何领域的快速发展其背后必然有政府的政策扶持（至少不是阻碍）。因此，在评估这个国家和地区众筹氛围的时候，应该关注政府对这一领域发展的态度，是否制定了鼓励或者限制措施。政府的相关行动既能带来直接影响，同时也将表明一种姿态，从而影响整个社会的舆论和氛围。

金融环境

最后是金融环境。我国互联网众筹之所以能够兴起并获得快速发展，其中一个重要原因就是银行服务水平相对落后，贷款尤其是对中小企业的贷款政策十分严苛。很多中小企业在创业初期都面临着严重的资金短缺问题，不得不通过互联网来筹集资金。如果银行等金融机构的服务水平高，而且实行宽松的贷款政策，中小企业或者个人创业能够比较容易从中获得贷款，这反而不利于众筹的发展。

以上因素都是评价一个国家和地区众筹氛围的重要参考因素，它能够帮助参与互联网时，可以更好地掌握一个国家或一个地区的投融资环境。

3.1.8 发起众筹项目的具体操作流程

作为普通大众来说，相对于众筹的前世今生以及各种相关的概念性知识，也许人们更关注的是如何去进行众筹方面的实际操作，尤其是项目的潜在发起人。现在，我们就目前众筹领域最热门的回报型众筹为例，了解在众筹网上发起项目众筹的相关流程。

2张免冠彩色照片（在出入境管理处或指定的照相馆照相）

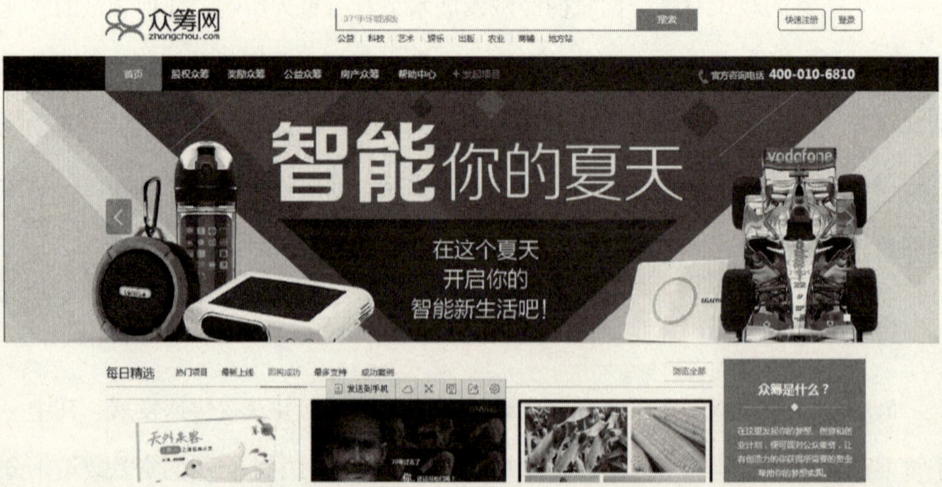

图 3.1.8-1 众筹网首页

点击右上角的快速注册按键，进入注册页面，完成注册，并填写个人资料

图 3.1.8-2 账号注册页面

图 3.1.8-3 完成个人资料

在正式发起众筹之前，可以浏览网络的各相关板块，参考别人是如何进行项目介绍的，并且关注这些项目各环节的细节和进度。

此外，还可以对服务协议的详细条款进行研读。这些条款一般都是为保护项目投资人而设置的，了解了这些条款，能确保在众筹发起的过程中做到心中有数。

图 3.1.8-4 项目发起页面

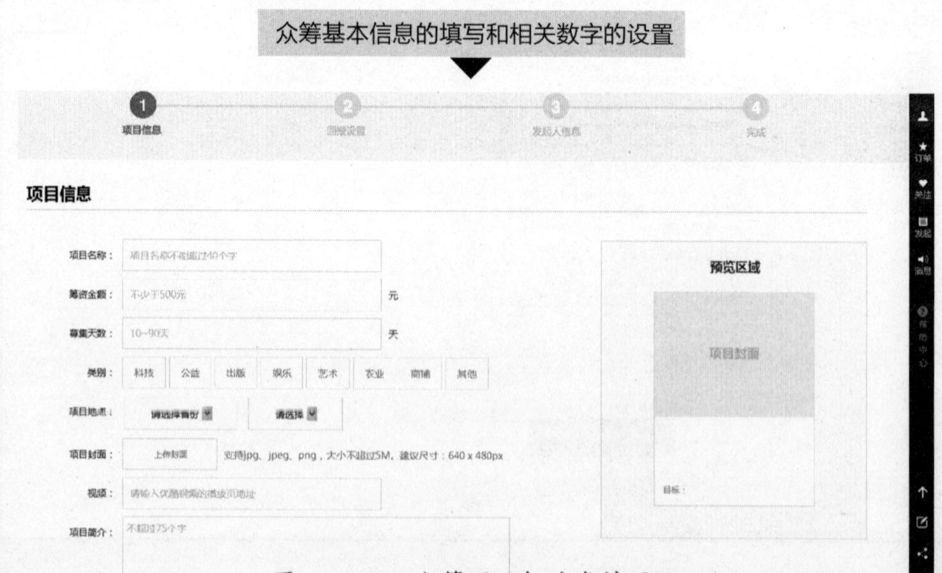

图 3.1.8-5　众筹项目相关资料页面

在设置众筹项目时，需要特别注意两方面的设置，第一是截止日期，第二是筹集的最低金额。因为众筹网站都会要求项目的发起人必须在截止日期内，达到或者超过项目发起人设置的最低金额。时间一到，项目支付系统就会自动关闭。一旦在该时间内没有达到这一金额，就会被视为项目失败。筹集到的所有资金将全部返还给投资者，整个项目的众筹必须重新开始，因此在选择这两项内容时要特别慎重。

目前，中国众筹网众筹期限最短为 10 天，最长为 90 天。在选择众筹期限时，一般人会直接将平台的期限上限设置为众筹期限，认为时间越长筹到的钱也越多。实际上并非如此，也许很多项目发起人已经体验到融资期限过长带来的麻烦甚至失败。此外，众筹网上的项目最低金额不得少于 500 元，众筹的项目发起人需要在这个金额以上设置项目的最低筹资金额。总之，这两方面的具体设置，还需要众筹发起人根据项目的具体情况而定。

在完成相关具体的设置后，项目发起人重点需要关注的就是项目详情页的填写，这也是项目最终能不能获得投资者青睐的关键。

此外，需要特别注意的是，项目详情页填写的重中之重就是项目标题的设置。一个响亮的项目标题就像一个漂亮的广告牌，能够让项目在众多竞争对手中脱颖而出，吸引投资者的关注。尤其是在手机 APP 上，一般只能呈现标题的前面几个字，因此项目标题开始的几个字一定要有足够的吸引力。一个具有震撼力的标题，能成功地将潜在投资者吸引，进而关注项目的详情，从而大大提高众筹成功的概率。

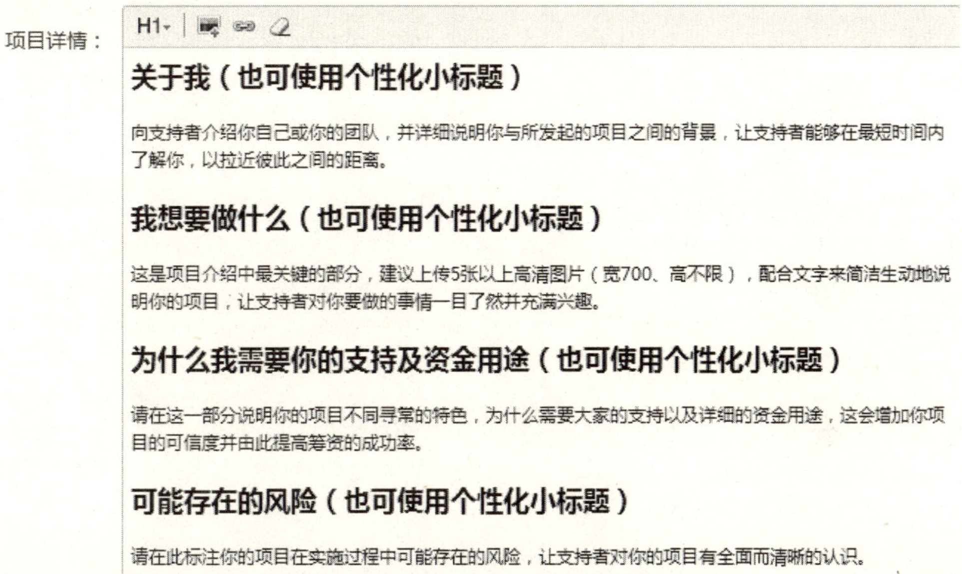

图 3.1.8-6　项目详情页

拟好标题之后，接下来就是对项目详情介绍的文案撰写，这同样是很重要的步骤，因为潜在投资者被标题吸引过来之后，他们还会通过了解项目的详情介绍来判断项目的潜在价值，从而决定是否为其提供融资。这时，项目的详情文案将起到“临门一脚”的作用，帮助项目走完最后一里路。

在文案撰写时，可以去借鉴其他成功的众筹项目，作为文案撰写的参考。

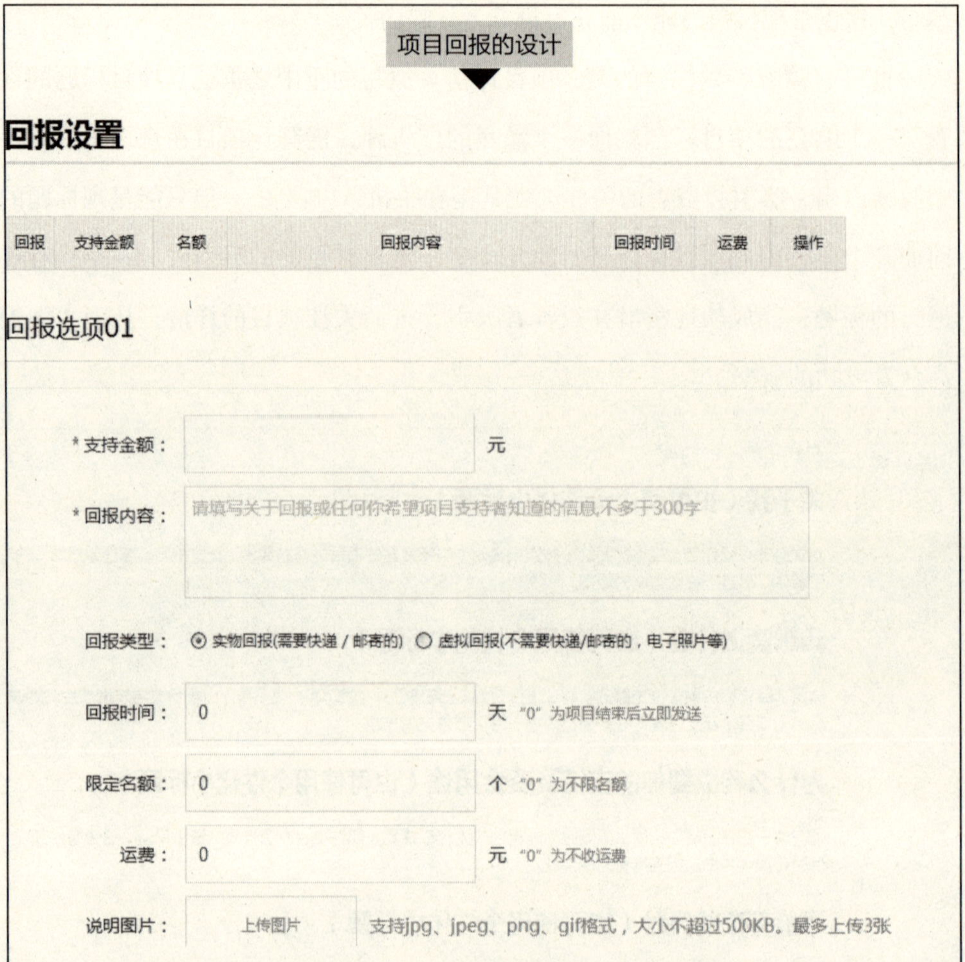

图 3.1.8–7　项目回报设置页面

作为目前国内乃至世界最受欢迎的众筹类型之一，回报型众筹之所以能够得到广大投资者的青睐，项目的回报起着重要的作用。

图 3.1.7–8 是一个名为“【黑鸡枞教父众筹】聆听吃出的健康传奇”的众筹项目。该图左上角橘色的筹资比率显示，这一项目在众筹网上发起的众筹获得了超过 20 倍的融资，可以说是少有的高融资比率的成功项目。除了该项目本身的价值潜力之外，项目的回报方案同样具有吸引力。很多投资者看到回报方案，首

先就会觉得对这个项目的投资是“物超所值”的。不管其以后的发展潜力如何，除了成为产品的品牌会员，享受打折优惠这样的长期回报之外，仅是项目衍生品的一次性回报就足以让投资回本，这种看起来只赚不赔的投资当然会具有吸引力。虽然很多项目不可能像以上这个案例中的项目那样提供如此“丰厚”的回报，但依然可以通过在细节的设计以及文案的编写方面做出努力，最终设计出一个能够打动投资者的回报方案。

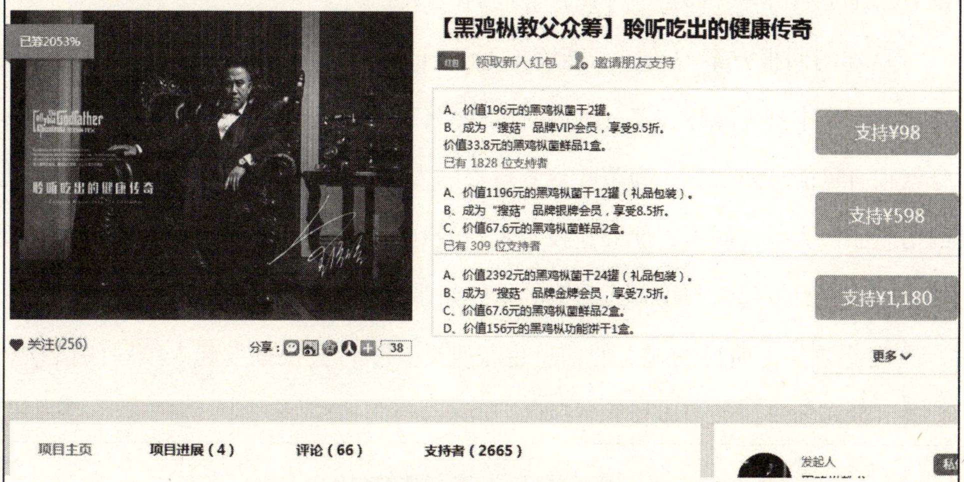

图 3.1.8-8　成功的众筹项目及其回报方案

在设计回报方案时，一个首先应该注意的问题就是要确保回报的层次感。可以设计三个以上的回报选项，要让高投资金额以及首批投资者看到自己在小额或者后期投资者面前的优先地位。尤其是第一批投资者，是项目必须优先争取的对象，因为他们是对项目最有兴趣的投资人。只要赢得这批投资者的信任和支持，他们就会成为这个项目忠实的宣传员，为项目招来更多的后续投资者，确保项目能够融资成功。

另外一批人则是高额投资者，他们对项目潜力充满信心，从客观上来看，也是项目成功的重要力量，与首批投资者一样，起着标杆性的引领作用。

因此，在项目回报上面要重点照顾这两类投资者。如果回报方案没有层次感，就很难鼓励投资者在第一时间为项目投资或者进行高额投资。

在投资回报的选择上，最好以项目本身产生的产品或者服务作为回报，至少也要与项目内容相关联。比如电影众筹，可以用免费看这部电影作为对投资者的回报。在项目回报的层次上，可以按照投资金额的大小以及投资时间的早晚，安排投资者在首映当天看还是之后看来体现回报层次，或者将层次体现在观影座位靠前还是靠后等，都是一种比较合适的回报方案。

这样的回报方案的选择，能够拉近项目与投资者之间的关系。因为很多投资人与项目本身可能存在着一种固有的联系，比如为书籍的众筹提供融资的人本身就很有可能喜爱看书，为茶叶众筹投资的人平时喜欢喝茶。因此，将这些项目的衍生品作为投资回报，能够让投资者享受到“收获的喜悦”，增强项目与投资人，以及项目发起人与投资人之间的情感纽带，这样项目也更容易获得成功。

除此之外，项目发起人的信息也很重要，平台会根据发起人填写的信息对发起人的资质进行初步审核。

图 3.1.8-9　发起人信息页面

项目成功提交审核之后，众筹网会对项目进行初审和复审。初审主要是审查文字和照片的内容，包括文字的描述是否正确，图片是否清晰等，同时还会审查项目是否适用电子服务协议中的服务范围。通常情况下，在项目提交的当天就能初审完毕。

相对于初审，复审的程序更加复杂。由于涉及更加专业的资格审定，因此这一轮的审核将由专业行业运营团队来进行。审查的内容包括项目的市场可行性，项目发起人的信息资料，众筹回报的交付进行风险评估。这种审查一般会需要两到三天时间。

当然，项目不是在两审通过之后就万事大吉了，这才是众筹“万里长征”的第一步。项目的发起人还需要去推广项目，与网友和投资者交流互动，在众筹过程中积极掌控各个环节，最终确保项目的成功，这将是一个艰难而漫长的过程。

知识链接 **国内十大非股权类众筹网（截至2014年8月）**

融资总额排行	网站名称	创办企业	融资总额
NO.1	腾讯乐捐	腾讯公司	2亿887万元
NO.2	众筹网	北京东方联合投资管理有限公司	3898万元
NO.3	淘宝星愿	阿里巴巴集团	1365万元
NO.4	中国梦网	上海众牛网络有限公司	799万元
NO.5	追梦网	上海追梦网络有限公司	787万元
NO.6	京东众筹	京东金融集团	497万元
NO.7	乐童音乐	北京开心乐童网络科技有限公司	247万元
NO.8	淘梦网	北京淘梦网络科技有限公司	228万元
NO.9	摩点网	北京摩点网络科技有限公司	202万元
NO.10	酷望网	北京趣蒙动漫科技有限公司	114万元

3.2 互动：众筹的成功在于引起共鸣

3.2.1 新时代下，无网络不众筹

众筹从原来的一种古老的社会投融资活动重新崛起为新时代下新兴的投融资活动，互联网的诞生是其中最关键性的因素。互联网对众筹的重新崛起所提供的不仅仅是技术、平台、工具，更重要的是一种互联网思维。

在互联网思维之下，人们能够将互联网构造出来的世界置于与现实世界同等重要（或者差不多）的地位。那些互联网的资深玩家可以实现自己在现实世界难以实现的各种梦想，甚至能够在这个世界里打造一个全新的自己。当然，更多的人站在务实的角度，积极地利用互联网来为现实世界服务，从电子商务的蓬勃发展不难看出，人们对互联网的利用越来越深化。

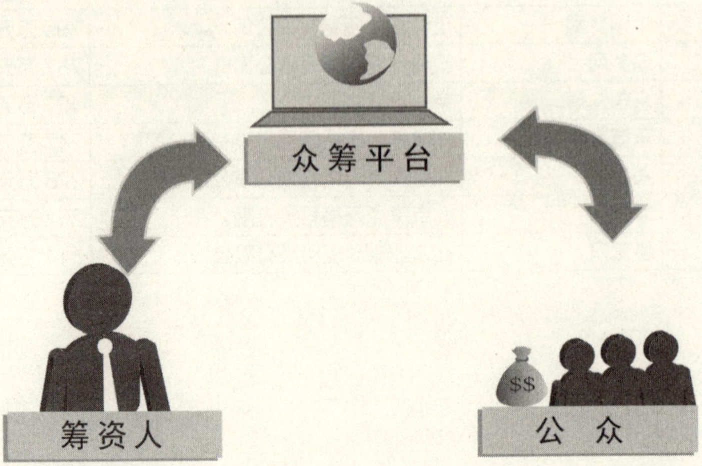

图 3.2.1−1　如今的众筹已经离不开互联网

正是在这种状态下，互联网众筹的诞生和发展也就成了自然而然的事情，它只不过是人们运用互联网服务于现实社会的又一个案例而已。

因此，要想成为一个成功的互联网众筹玩家，不能仅仅将互联网作为自己投融资的工具和平台，首先需要的就是从心理上接受这种投融资方式，将它当成一种和现实生活中并无本质差别的融资行为。

此外，比起现实世界，互联网世界还有一大优势，那就是能够带来一种比现实世界更加良好的交流氛围。在互联网环境下，人们不会有那种因为相互之间的陌生而带来的隔阂甚至排斥感。哪怕是相距千里之外的陌生人，第一次沟通时也能够像老朋友那样轻松交流。这也是为什么很多在现实生活中沉默寡言的人一到网络世界却能侃侃而谈，完全变成了另一个人，就是因为他有足够成熟的互联网思维。

如果将互联网众筹看做网络世界当中的一个常规的领域，那么如果是一个资深的互联网玩家，他不会像那些非资深互联网玩家那样对互联网众筹感到陌生。而往往也只有这样的人才能够真正"玩好"互联网众筹，因为从众筹本身的运作规律来看，它需要的不仅是用互联网作为运作众筹的工具或者平台，它还需要更多的交流互动来维护融资者与投资者之间的信息畅通和情感沟通，并不断完善众筹方案的各个环节。整个过程体现的就是一种成熟的互联网思维。

众筹案例　就用互联网思维大闹中欧

互联时代，各种相关的软硬件层出不穷，如果你只是一个被动的跟风者，那么你只能被日新月异的互联网弄得晕头转向。只有那些真正具有互联网思维的人才能永远站在互联网发展的前沿，成为时代的弄潮儿。

2014年1月19日，黄太吉创始人郝畅率先在微信朋友圈发表了题为《就用互联网思维大闹中欧》的文章，目的是为上中欧创业营发起众筹。文章发表之后，引来不少跟随者，“90后”辣女马佳佳、91助手开发者熊俊、易淘食的张洋、雕爷牛腩的孟醒等先锋创业者们也纷纷发文为自己去“中欧创业营”深造集资募款。

这些互联网潮人的文章一经发布，立刻引起了广大网友的关注，很多网友为这些人发起的众筹捐了款。他们的众筹也进行得颇为顺利，其中米传媒陈第仅用短短三小时就成功募款11.8万元，彻底引爆了移动创业圈、手游圈对中欧创业营的关注，微信众筹这种新颖的融资方式同样成为众人热议的话题。

这些人发表的文章虽然风格各异，但无不是在为筹集11.8万元的众筹学费而努力。这笔钱虽然并不是一笔小数字，但这些人作为现实生活中的成功人士，当然不差这些钱。他们之所以会用互联网众筹这种方式来筹集学费，实际上就是一种互联网思维的展现。

这也正是中欧创业营创始人李善友教授（酷6网创始人）为学员进入中欧创业营设下的第一道考验。在互联网思维下，互联网这种普通人眼中用来娱乐和交流的工具被他们信手拈来为自己的梦想助力，这种思考和解决问题的方式更值得人们深思。

从宣传内容来看，互联网众筹在进行项目设计时就能做到图文并茂，有的还能附带视频资料，这比起传统融资的那种力求严肃和专业的形式是完全不一样的。

这一方面是互联网作为一种强大的传播工具所具备的功能。更重要的是，这实际就是一种互联网思维的体现，因为互联网众筹无论是融资者还是投资者大多数都不是专业人士。融资者没有能力做出这么专业的融资计划，投资者也没有能力和兴趣去仔细研读。

在生活节奏越来越快的今天，人们不喜欢花一大堆时间去看一个枯燥无趣的东西。哪怕融资人在现实中如何专业，当他踏入互联网这个世界，他就必须带着理性的互联网思维去思考和行事。如果他还是按照现实世界的思考方式去设计他的众筹项目，得到的也许就会是一个失败的结果。

很多人在平台发布项目之后，认为后面的问题众筹平台会帮助解决，觉得万事大吉了，然后就等着收获了，这同样是一种缺乏成熟互联网思维的表现。试想如果一个人将自己的融资计划书贴在十字路口，然后在下面写上自己的银行账号就能成功吗？

虽然互联网作为一种更加强大的工具，能够带来更加强大的展示和宣传效果，但后续的交流和互动也是必不可少的，这与现实中需要通过电话或者接待来访，向潜在投资者进行介绍和解释并没有本质的区别。

总之，只有带着成熟的互联网思维，用好互联网作为一个强大的平台和工具，去打造一个完备的众筹过程，这既是确保众筹成功的必要条件，更是一次适应和融入互联网世界的机会。

3.2.2 掌握火候，学会顺应众筹项目的推广周期

要想在互联网上发起众筹，就必须要了解互联网的生态环境，站在投资者的角度来成功把控众筹项目的推广周期，从而确保融资策略的正确。

一般来说，众筹项目在平台上成功发起之后，接下来就是等待投资者上门。但通常情况下，投资者的流量并不是平稳的（除非是特别受欢迎的项目）。根据互联网的运作规律，投资者的流入量是有周期性的。大多数情况下，投资者会在看完项目方案之后的几小时甚至几分钟就会决定是否对该项目进行投资。因此，项目在成功启动众筹后的第一时间就会迎来一个网友关注以及投资的高峰，其中的一个重要原因是很多项目在回报方案上会对首批投资者进行重点照顾。

之后，投资额会缓慢而持续地增加。如果在平台上线之后的 3 天里投资没

有出现快速增长，就表明项目并没有吸引广大投资者。如果按照原有的策略持续下去，很可能会失败。这时，项目发起人就应该改变策略，比如改变项目的描述，或者是平台的定位，甚至是回报方案等，以重新吸引投资者为项目投资。

在上线的几天之后，投资额的增长会变得相对平缓，项目发起人这时候要做的就是通过答疑解惑打消少数观望者的疑虑，促使他们最终为项目进行投资。

在项目的投资达到一个临界值（项目接近成功）时，是项目吸引投资的冲刺阶段。这时，项目发起人不能以先前的那种融资的节奏和状态静静地等待，而应该主动出击，通过众筹平台之外的其他互联网社交平台来吸引投资，比如微博、QQ 群、论坛、贴吧、微信朋友圈等各大社交平台，甚至可以直接发动身边的亲朋好友到众筹平台为项目投资。因为对那些“零或者全部”的众筹平台来说，这是一个生死攸关的紧急关头，一旦因为细微差距而没有完成设定的最低融资金额，整个项目就会前功尽弃。

由此可见，项目的发起人在项目发起之后要时刻关注项目的进度，尤其是在项目投资进度方面更应该时刻掌控。站在互联网的角度了解项目获得投资的周期性规律，从而根据实际情况做出自己的应变性对策，才能实现众筹的成功。

3.2.3 讲究实效，用积极的交流来了解需求、建立感情

创业者为自己的项目发起众筹之后，沟通和交流应该贯穿整个项目的全过程，这是互联网提供的便利，同时也是众筹要想获得成功的必要工作。

相比现实中的融资，互联网众筹对融资者来说，虽然能够获得一笔金额可观的投资，但这笔资金可能来自成千上万的投资者。正因为如此，从投资者的角度来看，他们的心态就会“淡然“很多，毕竟他们投资的只是小额资金。很多人就是抱着好玩的心态为这些项目投资的，除了能够获得一定的回报之外，更多的

是为了成就别人的梦想（这也是为什么募捐型众筹这么火的原因），这一规律也是项目发起人应该了解的。因此在一过程中，项目发起人一定要懂得照顾投资者的感情，首先将投资者当做给我们提供帮助的朋友，而不是商业伙伴。

以下是两种具有代表性的无经济回报类的众筹（募捐型众筹和奖励型众筹）与两种具有代表性的有经济回报型众筹的融资占比（占总众筹融资额比率）的对比：

表 3.2.2-1

行业和领域	无经济回报众筹（募捐型众筹和奖励型众筹）融资占比	有回报型众筹（股权型众筹和债务型众筹）融资占比
社会事业	28.6%	23.8%
商业领域	10.9%	25.6%
影视与表演艺术	13.8%	9.9%
音乐与唱片	12.2%	2.3%
能源与环境	1.9%	11.8%
时尚	6.1%	4.3%
艺术设计	5.9%	4.1%
出版发行	6.3%	1.6%
科技	3.3%	5.2%

从图表中可以看出，没有经济回报的众筹类型，其融资能力相比有经济回报的众筹类型毫不逊色，这也证明了互联网众筹其功利性相对较弱的特点。

虽然投资者在利益方面比较“淡然”，但他们却有着很强的参与互联网金融的积极态度，希望通过众筹来获得良好的投资体验。因为很多人在现实中成为投资者需要的资金量大，风险太高。因此虽然投入的资金较少，但他们渴望自己作为投资人的身份得到项目发起人的充分尊重。

正因为如此，项目发起人在项目发起的整个过程中，必须要确保与投资人和潜在投资人及时顺畅的沟通。这既可答疑解惑，更是增进双方之间情感的重要方式。

所谓“专业不够，感情来凑”，互联网众筹的特性决定了这种投融资无法像传统投融资那么专业，既然投资者是抱着好玩、获得体验和成人之美（或创造奇迹）的心态参与进来的，项目发起人就必须要满足投资者的“沟通需求”，充分的沟通也是众筹成功必不可少的条件。

对众筹平台来说，用积极沟通所赢得的感情基础，不仅是成就项目的必要基石，更是确保互联网众筹持续发展的必须条件。这些生活中的普通人获得了良好的投资体验，他们才会继续为其他项目投资，如此才能确保众筹模式能够不断发展。

3.2.4 坚持主见，不要盲目崇拜大众的智慧

每个众筹项目的结果除了项目本身的号召力起决定性作用之外，潜在投资人之间“大众智慧”的相互影响也是极其重要的因素之一。千百年来，“集体智慧往往要优于个人”这一观点被渗透到各个领域中。

以网上买书为例，大多数的消费者喜欢在购买一本书之前参照别人的点评来对心仪的书有一个“好”与“坏”的界定。往往有人点评觉得好，那些没看过的人会一窝蜂跑去买。这一行为是对“集体智慧往往要优于个人”这一现象最直观的体现。

但现实是，很多时候集体的观点并非绝对正确。众筹项目在发起实施的过程中，平台上常常会有很多投资者或潜在投资者留言，提出自己的看法或者要求项目发起人提供更多相关信息等。在众筹成功之后，项目发起人在运作企业的过程中，依然会接到各位投资人的意见和建议。

这些意见和建议将会为项目发起人的项目众筹和企业的发展提供参考。但这些意见绝不是所谓的真理，它本身存在着缺陷。

虽然集体智慧优于个人智慧是很多人的理念甚至潜意识，但很多传奇性的历史事件也向人们证明了另一个理论，即真理往往掌握在少数人的手中。创业

对每一个人来说都是在朝着创造财富奇迹的道路上努力，因此既然创造奇迹，那么就需要将真理掌握在自己手中。众筹作为一个公开性的网络平台，广大的投资者会对项目提出各种意见和建议，由此会汇聚成所谓的主流意见，但这种看起来来自大众智慧的意见并不像线下的会议那样是经过集思广益产生的。

此外，大多数的众筹投资者并不专业，他们有时候提出来的意见往往并不具有建设性。尤其是那种以预售作为投资回报的众筹项目，很多投资者甚至完全站在消费者的角度去考虑问题，他们提出的意见和建议往往也是在维护消费者的利益。这些意见虽然也具有一定的参考价值，但在现实中，生产者和消费者的利益并不一致，甚至存在着对立，如果完全听信这些投资的意见，对企业的发展并不见得是一件好事。

此外，在互联网模式下，人们在发表意见和看法时，会比现实中更加“自我”，即不会向现实生活中那样顾及别人的感受，尊重别人的意见，因此很多观点和意见，其本身包含着傲慢与偏见，这样的意见往往也会有失偏颇。

由此可见，项目发起人在发起众筹以及运作企业的过程中，对大众的智慧既要重视和尊重，但也绝不能迷信，继而盲目跟随。毕竟，作为创业者，你才是最了解这个项目的人。如果完全被大众舆论左右，很容易迷失自己，最终断送自己的项目甚至创业计划。

因此项目发起人无论是在发起项目还是运作企业，都应该在大众智慧面前保持理智，只有这样才不会迷失自己，避免让自己的项目众筹和企业的发展误入歧途。

3.2.5 掌握主动，网络社区平台的舆论引导和危机公关

互联网众筹常常会面临的一个问题就是投资者的质疑。毕竟，互联网是一

个虚拟的世界，投资者会因为无法与项目发起人在现实生活中面对面沟通（实际上并不会起到实质性的作用），而产生本能的戒备和怀疑。在互联网社交便利的情况下，每一个人的质疑都有可能引发大规模的信任危机。因为实际上每个人都会在心底存在或多或少或强或弱的不信任，一旦有人对项目提出质疑，很容易引发牌效应，进而爆发一场信任危机，最终导致众筹失败。正因为如此，项目发起人应该时刻关注平台的留言，积极进行舆论引导和危机公关。

在众筹过程中，项目发起人应该对投资者和潜在投资者提出的各种问题进行及时回复，因为这些问题可能也是其他投资者想要询问的。只不过他们因为各种原因而没有提出来，于是成为了“沉默的大多数”。有的人则是因为出于一时的冲动，在一知半解时就已经为项目投资，因此并没有意识到这些问题。总之，一旦问题提出来之后，会引来很多关注的目光。

不管在一些人眼中，其他投资人提出的质疑自己是否也有这样的疑问，他们都会关注项目发起人给出的回复。如果项目发起人没有立即回复，那么一方面会让人觉得项目发起人不尊重投资者。另一个方面就是这个问题确实是个问题，项目发起人因为一时无法解答，或者难以解决而没有回复或者选择忽略，于是那些原来认为该问题不是问题的投资者也会改变自己原来的想法，问题就会变成质疑，一场信任危机就会爆发。

如果及时对投资人提出的问题或者质疑进行解释，那么一切问题都能迎刃而解。很多聪明的项目发起人会把项目容易引发质疑的地方，放到项目介绍当中直接展示出来。比如资金用到什么地方或者为么筹集这么多资金等，如果项目发起人能主动介绍这些问题，会增强项目的可信度。

在发起项目之前，可以请自己的亲朋好友站在投资者的角度对项目进行检视，并找出项目当中可质疑的点，以便能做好事前预案。或者不断完善项目的各个环节，确保在发起项目之后，能尽量避免因为各种质疑而导致项目的失败。

另外，还有些潜在投资人会在项目中的留言栏中留下自己的联系方式（一般为电子邮箱）要求项目发起人把更详细的计划书发过去，这些人很有可能是大额投资者或者天使投资人，对这些人的及时回复很有可能为项目带来商机。

此外，舆论引导也同样重要，当觉得项目没有介绍清楚的时候，可以主动进行解释，并对项目的方案进行及时的修正。这不但能够很好地解决问题（记住，态度很重要），同时也是一种自我宣传。这种主动出击的行为会给投资者留下一个好印象，认为你是一个可以信赖的创业者。

舆论的引导，除了项目发起人的主动阐述（一般为项目的优势）之外，还有一个很重要的途径，就是放大有利信息。比如有人对项目的市场前景表示乐观时，可以与其进行更多的交流。另外，适当的“注水”也是必要的。就像一些淘宝店家会专门请人来夸赞自己的商品，众筹项目的发起人也可以请“内部人员”来对项目发表有利评论，但一定要符合客观实际。

在信息时代，抢占舆论的制高点变得越来越重要。很多商业奇迹的诞生除了拥有优质的项目之外，创业者抢占信息的制高点而带来的超高人气和大量情感上的拥有也是企业获得成功的重要因素，这些都是互联网众筹的项目发起人应该获得的最宝贵的资源。

3.2.6 社交没有那么容易，每个平台都有它的特点

社交是互联网最重要的功能之一。一个众筹项目的成功，离不开成功的社交。在众筹的过程中，虽然互联网众筹平台也提供了沟通的平台，但这常常难以满足沟通的需要，因为互联网上的留言栏难以做到及时沟通。

项目在发起之前，就可以用互联网社交平台（比如微信朋友圈、微博、论坛、

贴吧等。）发布项目的资讯。这样可以测试项目的反响，其结果也将对项目在众筹平台上的融资带来指导意义。

各大互联网社交平台也是吸引投资者的重要阵地。项目要想获得成功甚至实现多倍融资，不能仅仅依靠众筹平台现有的投资者资源，项目发起人还应该从各大沟通平台上激发潜在的投资者。这些人也许之前从来没有去众筹平台为那些众筹项目提供融资，但却活跃在各大社交平台上。如果项目发起人在平台上介绍自己的项目，并通过积极宣传引起舆论的兴趣和关注，就有机会吸引他们为众筹项目投资。

此外，项目成功之后，可能会有项目的潜在投资者（比如大额投资者或者天使投资人）还需要继续沟通。项目众筹成功之后依然需要和投资者进行沟通，尤其是股权型众筹。投资者通过购买企业的股权而成为股东，虽然他们持有的股权比例很小，但是项目发起人应该尊重这些投资者作为公司股东的基本的权利，或者说让他们享受到美好的投资体验。

项目发起人要用好这些社交平台，就必须要了解这些平台的特性。目前，世界上比较知名的国际性社交平台主要有 Facebook、twitter、line 等，在国内则有微博（新浪、腾讯等）、微信朋友圈、空间以及各大论坛和贴吧。这些都可以作为项目介绍的平台，甚至一些互联网达人直接在这些社交平台（而不是专业的众筹平台）上为项目发起众筹。这些平台几乎都有比较稳定的用户群体，也会因为某一些特定的事件成为一个时期的热门社交平台。虽然都是社交平台，但这些平台有各自的特性。只有了解这些平台的特性，才能利用好这些社交平台为项目众筹。下面介绍一下几个常见社交平台的运作特点及操作建议。

了解这些平台的特点，能够帮助项目发起人更好地利用这些平台去介绍和推广自己的项目，同时寻找潜在的投资人。

社交平台类型	主要用户群体	运作特点及操作建议
微博	精英聚集之地，尤其是新浪微博，其大V用户，或是各行业中的精英，或是掌握话语权和拥有大量粉丝的社群达人	微博是一个十分开放的平台，时效性强，参与者众多，各方面的资讯比较繁杂。随着时代的发展，微博已经不单单是展现私人空间的工具，很多广告和项目也可以在这个平台展示 项目发起人如果想在微博上介绍众筹项目时，应该力求项目内容的简洁，重点突出项目的创意，从而吸引网友的关注
微信	偏重于生活中的亲朋好友，用户之间的关系一般相对亲密	微信因为是一种常用的移社交 APP，因此也是时效性最强的社交平台之一，微信功能比较强大，能够进行文字、图片、视屏的交流。微信中因为各种特定的关系、行为、爱好形成各种圈子（朋友圈），能够比较方便地找到特定集聚的人群（前提是要先加好友） 项目发起人可以通过文件包或发朋友圈的方式向微信好友进行项目展示，也可以将他们介绍到众筹平台上去了解项目
贴吧	贴吧的用户一般相对年轻，而且喜欢快节奏的生活和各种新鲜的事物	贴吧具有很强的开放性，交流的内容比较广泛，有明晰的版块和地域索引，每一种主题会吸引到具有相关专业或者兴趣爱好的网友 项目发起人在贴吧上介绍项目可以进行比较全面的展示，但要力求简洁，突出创意，也可以将他们介绍到众筹平台上去了解项目
论坛	用户的年龄分布以年轻人为主，但范围更广，专业性较强	论坛内容与贴吧相似，但交流的话题会相对深入。 项目发起人也可以在论坛平台上进行项目的展示。不过论坛相比贴吧有比较严格的管制，因此可以将他们介绍到众筹平台上去了解项目
QQ	QQ 目前是国内覆盖用户最多的群体，其用户几乎完全覆盖国内所有的互联网用户	时效性强，但平台的开放性较弱，需要加好友才能正常沟通，沟通方式多为一对一。QQ 群是将多个好友集中在一起，进行一对多的沟通，但有人数的限制。最理想的操作方法就是将项目介绍信息发布到 QQ 群中，引导网友到众筹平台上去了解项目
空间	其用户与 QQ 完全一致，但浏览的往往是 QQ 好友	如果要进行开放性的项目展示，还需要借助 QQ 空间。目前，空间的信息交流比起其他社区平台来说相对较差，逛空间的基本是 QQ 好友之间，其平台总的来说相对封闭，但是比起 QQ 来说，其及时交流的能力较差。不过空间相对 QQ 来说更加开放，空间作为一个网络页面，除了能覆盖 QQ 之外，还可以提供给所有的网友浏览。当然，也可以在空间中发出相关的项目介绍，引导他们到众筹平台上去了解项目

表 3.2.6-1　国内各社交平台的特点

在项目众筹成功之后，QQ 和微信是项目发起人与投资者进行后期交流的两个重要平台。作为互联网兴起的产物，丰富而广泛的网络社交媒体，对众筹的发展起到了重要作用。要积极利用各种互联网社交平台，以便增加项目的成功率。

3.2.7 剑走偏锋，“拍砖”也能实现众筹

“拍砖”是互联网世界里网友的权利，也是一种乐趣，网友们通过对各种新闻、言论发表反对意见来进行调侃和讽刺，这在网络世界里被称为“拍砖”。那些发表言论或者新闻事件当中的参与者被“拍砖”之后往往灰头土脸，那些互联网中的资深玩家则从中看到了价值或者商机。

网络达人板砖大余，就在网上发出了“我就是想要被拍”的口号。这个看起来有点自嘲甚至自虐式的口号，立刻引来各路网友的关注。原来，这位互联网达人是为自己的一本名为《O2O 进化论》的书发起众筹，这次众筹的目标是为这本书筹集到 1001 位投资者，每一位投资者的投资额度为 1 元钱。

说起这位板砖大余可谓大有来头，翻看他的简历，就能看到一连串“辉煌的足迹”：曾经担任过乐蜂网自有品牌的市场总经理、迪思传媒副总裁、波导公关副处长、调果师联合创始人兼首席知识官、艾瑞网专栏作家、“凤鸣营销”数字营销方法论创始人，这位在互联网上呼风唤雨的达人在现实中同样是一位履历辉煌的成功人士。

这本《O2O 进化论》正是他经营网络市场多年的经验之作，书中对中国线下和线上商业都有精辟的分析和独到的见解。板砖大余的这次众筹从融资角度看，对书的出版并没有多大的帮助，毕竟 1001 元只是出版费用中的一小部分。不过他有自己的想法，就是通过这次众筹，为自己的书精准地寻找目标投资者，

以扩大这本书的社会影响，并通过这次的众筹建立起一个封闭式的内部交流网络。通过积极地沟通交流增强他与这些支持者的亲密度，甚至打造一个立体的O2O商业生态部落。

这样的众筹看起来十分容易，毕竟对投资者来说，不过是小小的1元钱。但是从现实的角度来看，这种低门槛的融资实际上并没有想象得那么容易，毕竟要为一个项目投资1元钱也不是一个简单的事情。从程序上来讲，投1元钱和投1000元是一样的。如果投资者不是真正认可这个项目，他是不会轻易投下这1元钱的。因此，该项目众筹的成功，需要项目发起人超高的互联网号召力作为支撑。

为了配合这个项目的成功，板砖大余在线上线下都进行了努力。线上，他借助自己的微博和微信发起O2O有关话题的讨论；线下，板砖大余进行了国内各大城市的巡回演讲、开办签售会、现场答疑解惑，掀起了线上线下的互动高潮，他连同这本《O2O进化论》在国内引起了强烈反响，获得了大批支持者。在这一系列造势活动的推动下，他为这本书发起的众筹在2014年4月21日获得成功。

板砖大余的这次众筹活动，看起来主角是《O2O进化论》，其实不然。《O2O进化论》不过就是他用来与广大的志同道合者，建立线上和线下社交互动的一个媒介而已。板砖大余正是借助为这本书发起众筹的契机，获得了1001个用户成为自己和这本书的粉丝，这无疑是一笔宝贵的财富。板砖大余通过这次活动，也将互联网社交的价值体现得淋漓尽致。

从这次的活动来看，板砖大余在为《O2O进化论》的众筹过程中，将互联网社交以及线上线上交流互动这种与O2O十分类似的形式进行了精彩形象地运用，创造了社交众筹的经典范例。

3.2.8 只要平台大、嗓门大，再大的腕儿也得给面子

互联网的兴起，创造了一个比现实社会更加平等通达的世界。在互联网的世界里，平民大众也有了更多与那些现实生活中的精英沟通的机会。

在中国，越来越普及的互联网设施和世界上数量最庞大的网民，为我国互联网发展提供了得天独厚的优势。如何利用好这个广阔的平台，尽可能地提升自己的影响力，才能真正成为互联网时代的弄潮儿。互联网众筹不仅是创业者，也是草根创业者，甚至是每一个需要资金实现梦想的人融资的重要方式。那些互联网众筹的成功者，依靠的不仅仅是好的项目，更是发挥了创造性思维的结果。正是积极借助互联网平台，通过具有创意性的表现，让广大网友了解自己的想法，这些创业者最终获得广大网友的支持而成就了奇迹。

正因为如此，互联网众筹不仅可以用来向广大的网友融资，更可以用来实现各种看起来不可思议的事情。比如在一个月内，利用众筹的方式，举办一场有3000位名人和企业家参与的运动会，这就是一次众筹思维发散而创造的奇迹。

用众筹的方式发起一场别开生面的运动会

2014年2月24日《创业家》杂志发起了这样一场看起来有点疯狂而且不切实际的“名人和企业家运动会”。当晚，该杂志的官方微博版开始为活动造势，并发出了一条十分具有吸引力的内容，暗示广大网友将有精彩的事件发生。

到了晚上9点12分，这家杂志的官方微博终于公布了创意的内容，即举办一场由国内顶尖企业家和名人参加的运动会，其中就包括李彦宏、周宏祎、徐小平等互联网巨头。至于队员、比赛项目和拉拉队，则没有确定。

这场由《创业家》杂志牵头的运动会，以当下大热的社交网络——新浪微博为起点，除了新浪微博这样一个社交平台之外，其他的一切都在待定中。

整个项目的详细计划，运动会的各项费用甚至参与人员都需要通过众筹的方式得来。

与传统众筹不一样的是，这些早期参与者并不能像众筹当中的早期投资者那样获得更好地回报。由于一切都处于“虚无状态”，那些早期的参与者反而要为运动会的成功举办耗费更多的精力，让人觉得这个运动很可能将是一次“雷神声大，雨点小”的口号。不过其接下来的过程却让人大跌眼镜。

这条微博的内容通过《创业家》杂志的主编牛文文转发之后，很快获得了网友的大量转发，总转发量超过 11000 条，获得近千条的网上评论，同时也吸引了很多商界巨头的关注，一时间成为商业界的一个热门话题。这些良好的反响形势喜人，也让人不得不对这场有国内顶尖企业家参与的运动会充满期待。

用“领头 + 跟投”的众筹模式来招募运动员

这场众筹活动的最大难题在于参加的 3000 人必须是企业家或者高管，让 3000 人在同一时间做同一件事就已经非常困难了，而运动会还设置 3 月 29 日为项目截止时间。即使很多人有意向参加，也会因为行程和时间的限制难以参与进来。

为了解决这一难题，活动主办方决定运用众筹中的“领头 + 跟投”模式，就是由《创业家》杂志强烈呼吁的企业家作为领头人，再由他们的号召力来召集具体参与运动会的成员。

作为国内最活跃的社交平台之一，新浪微博也是各界精英汇聚的开放式社交平台。借由新浪微博作为这次特殊的众筹平台，再加上众筹的资金不高，吸引众多大腕儿级的企业家参与应该不会太困难。

为了充分发挥那些商业巨头的号召力，主办单位将这场运动会的参与人员分成 8 个团队，每个团队招募一位商界的知名企业家为团长，下设副团长、秘书长、财务官、新闻官、训练官、后勤官等职位。通过会务组高效率的工作，各位团长的名单很快被确定下来，并以各位团长所在的领域来进行运动组的命名，这些分会和团长分别是：

① 教育培训分会：团长徐小平（新东方创始人之一，著名天使投资人）

② 硬件与制造分会：团长阎焱（软银亚洲信息基础投资基金 CEO，著名创业投资人）

③ 软件与信息服务分会：团长姚劲波（58 公司 CEO）

④ 医药健康分会：团长汪建（华大基因董事长）

⑤ 旅游分会：团长盛发强（探路者户外用品股份有限公司）

⑥ 电商与消费分会：团长夏华（依文企业集团董事长）

⑦ 文化创意分会：团长蔡明（著名演员、小品演员）、赵文权（蓝色光标传播集团董事长兼首席执行官）

⑧ TMT 分会：团长王小川（搜狗 CEO 前搜狐 CTO）

在选择好这些团长之后，再由这些团长通过线上线下方式去招募自己的精英成员。很快，各领域的精英加入进来，形成了一个群星闪耀的运动团队。

各分会的团长在利用互联网社交平台上招募明星团队成员时也引发了更大的影响力。除了当时已经具有强大影响力的新浪微博提供社交平台之外，现在已经成为热门互联网社交平台的微信，也在这场运动会中发挥了重要作用。很多成员运用了现在已经十分流行微信朋友圈，进行造势宣传。这场特殊的运动会，为微信在日后的发展起到了很好的宣传作用。

用众筹解决运动会的费用

为了解决这场运动会的费用（优胜者奖金、赛场内布置和秩序的维护、交通餐饮开支等），组委会面向这些运动会的参与者发起了众筹。为此，运动会

图 3.2.8-1　黑马运动会已成为创业领域中的品牌

的组委会设计了一个详细的项目回报方案：为项目投资 500 元，就将获得活动的参与权，参会期间的餐饮以及在北京当地的交通费用；为项目投资 3000 元，在 500 元投资回报的基础上获得由《创业家》杂志创建的黑马会创业组织一年的会员资格，而且还可以在审核的情况下获得创始人的资格。

对一般的人来说，黑马会创业组织一年的会员资格可能是一个“虚头巴脑”的回报。但作为一场精英聚集的活动，能获得会员的资格意味着获得一笔高质量的人脉资源。这种机会在常规渠道不是用钱能够买到的，作为需要这种资源来支持自己事业发展的创业者来说，这也是他们梦寐以求的，更是他们参加这次活动的目的所在。因此，可以说没有人会放弃这样一个难得的机会。

在这场比拼思维的运动会当中，组委会要求每个运动代表各自筹备 50 个创业项目，并将 400 个创业项目进行比拼，最终挑选出 3 个最具市场潜力的项目参加 3 月 29 日在北京航空航天大学体育场举办的总决赛，并按照最终的评选结果分出冠军、亚军、季军，它们将分别获得 15 万元、10 万元、5 万元的比赛奖金，这些项目的创业者将成为这场运动会的大赢家，不仅能获得丰厚的回报，甚至还有可能获得各位与会的企业家的后续投资。组委会将这次的运动会变成了一场众筹的大聚会。

最终，这场看起来十分不靠谱的运动会在广大网友的关注下圆满成功，也创造了一个高难度的众筹嘉年华， 这个方案涉及了奖励式众筹和会籍式众筹，可谓是众筹领域空前的一次伟大创意。

创意的新颖再加上名人效应的加持，让很多嗅到商机的著名厂商也闻讯赶来，红牛和克莱斯勒公司成为这场运动会的赞助商。

除了思想运动会之外，组委会还组织了拔河、篮球、摔跤和 10 人接力跑等体力运动会，这既增加了活动的趣味性，又能增加与会人员交流互动的机会，也比较符合运动会的形式。

最终，经过 3 分钟的项目展示以及 5 分钟的评论问答项目，北京北科天绘科技公司的张智武携《昆仑决》依据获得四项运动会冠军，获得组委会颁发的 15 万元奖金；《激光雷达》与《柔性数据链》获得亚军和季军，分别获得 10 万元和 5 万元奖金。在互联网以及商业圈掀起狂风巨浪的特别运动会最终落下帷幕。随着互联网在人们生活中发挥越来越大的影响力，众筹这种融资模式的快速发展，《创业家》杂志举办的黑马运动会将走向常规化。

黑马运动会之所以能够取得圆满成功，让那些在日常生活中看起来高高在上的企业界的精英们放下姿态加入到这场运动会中，正是看到了互联网强大的社交功能，以及互联网众筹在未来商业界越来越重要的作用。在互联网时代，只要平台大、嗓门大，再大的腕儿也得给面子！

3.2.9 一个动人的创意，就能筑一个远方的家

随着我国居民收入水平的不断提高，旅游也越来越成为一项常见的日常消费。人们渴望在旅游中挑战自我，寻找刺激，同时还可以欣赏到不一样的风光。正因为如此，西藏以其神秘、环境恶劣、壮美瑰丽的特点而成为这类驴友心中的圣地，有生之年能踏上西藏这片土地也成为很多人一生的夙愿。

不过，去西藏旅游价格不菲，尤其是那些希望进行深度游的游客，需要在西藏呆上很长一段时间，食宿也需要一大笔费用。正是看重了这一点，一位资深的西藏游客就设想为广大的西藏游旅客在西藏建设一个“远方的家”。

发起这个项目的是一个名叫杨易宇的西藏资深驴友。他的想法就是在西藏当地租一套房子，并把它免费提供给那些来自内地的穷游客居住。但是要租这样一套房子，租金是一笔不小的费用。为了筹集这笔费用，杨易宇想到了互联网众筹。

于是他将自己的想法设计成一个众筹项目，发布在众筹网上，希望有这种需求或者支持别人游西藏的网友能够为这个项目投资。

图 3.2.9-1　西藏沙发客的众筹页面

为了吸引投资，杨易宇详细介绍了自己对项目的规划，让那些对有志于去西藏旅游的网友一看到这个描述就有加入计划的冲动。在这个计划中，杨易宇将这栋两层的建筑设计了相互交流的大厅，以及二楼的一间客厅改造成的图书室，给人们带来温暖与亲切之感。

为了增强投资者的参与感，项目的发起人还积极与投资者积极互动，要各位投资者对沙发客空间的设计提出自己的意见，每个人都可以为自己理想的“遥远的家”贡献自己的智慧。在项目的设计上，也着重强化投资者对项目的参与感，超过 50 元（最低回报投资额）的投资者都可以获得一张可居住数天的沙发床位小主人卡一张，投资超过 100 元的投资者就能申请成为“临时 BOSS”，参与空间的管理。

杨易宇的这个计划获得了广大投资者尤其是旅游爱好人士的青睐，项目在发起之后，在预定时间内以 139% 的融资率获得成功。在众筹结束之后，还有很多的的网友通过社交平台为该计划投资，最终的拉萨沙发客空间获得了 216550 元的投资。

杨易宇的计划之所以能获得圆满成功，除了项目本身十分有意义之外，还是他在构想产生之后就开始积极利用各种互联网社交平台，并有针对性地将项目放在各大旅游类的论坛、贴吧、QQ 群等社交平台上进行推销预热的结果。这使项目在一开始就获得了广泛关注，在项目众筹成功之后，依然能通过这些社交平台继续为项目融资。使这个项目不仅成为旅游圈内的梦想计划，更成为以互联网社交实现项目成功众筹的经典范例。

此外，融资模式的新颖也是融资能获得成功的重要原因。杨易宇曾表示，自己之所以会选择众筹这种时下比较新潮的融资模式，是因为喜欢旅游的人大都是年轻人，他们喜欢追求新鲜事物。这种众筹方式不仅能够让这些爱好旅游的人通过投资获得回报，还可以体验一把互联网投资的乐趣，这无疑为这个项目的成功增添了一份助力。由此可见，项目发起人是一位深谙旅游与互联网的潮人。

在当今互联网无所不在的时代，越来越强大的技术或者工具让人们既能利用互联网撒大网捕鱼，尽可能强化项目在互联网世界当中的影响力；又能依靠互联网工具划分出来的一个个主题类的社区实现“精确打击”，还能通过这些社区实现向其他社区中志同道合用户的传播，让自己的宣传更具针对性。由此可见，随着互联网与社会各个领域的联系越来越紧密，众筹这种借助互联网重新崛起的融资模式更是离不开互联网的推动。可以毫不夸张地说，只要有一个成功的互联网宣传模式，就能成就一个成功的众筹项目。

Part4

梦工场：

优势 + 拼搏就能创造奇迹

4.1 席卷全球的众筹风暴

4.1.1 广泛、高效、新型，让众筹尽显优势

互联网之所以能够在当今社会发展得风生水起，其中一个最重要的原因就是，在互联网的支持下，众筹这种古老的融资模式展现出了其他融资模式无与伦比的广泛、高效与新型。正是这些优势，造就了席卷全球的众筹风暴。

广泛

众筹的低门槛使其具有广泛性，只要有闲置资金就成为投资者。而互联网为众筹提供平台，让每一个众筹项目的发起人有了大量的潜在投资者资源，甚至每一个互联网用户的投资机会。此外，众筹项目在展示上通常具有通俗易懂的特点，降低了专业门槛，让那些没有专业知识和投资经验的普通人也能看懂。目前，社会各行各业几乎都能看到众筹的影子，而这些众筹的投资者同样来自五湖四海、各行各业。互联网的参与，让当今的众筹拥有了其他融资渠道难以比拟的广泛性。

高效

时间就是金钱，这已经成为人类社会的真理。尤其对那些以创意取胜的创新型企业来说，时间还决定着企业的生死。一旦竞争对手抢先一步将产品或者服务推向市场，这家企业将失去发展的空间甚至生存的机会。

因此，如何快速获得资金将产品尽快推向市场，也成为企业能否安身立命，

发展壮大的关键。企业在这一阶段由于没有产出，处于资金单向流出的状态。在这一阶段，企业必须要通过外部输血来维持发展。企业在发展初期，投资者无法通过市场反应来评估其市场潜力。为了避免投资风险，常常不愿意为这一阶段的企业提供融资。即使提供融资，也会对企业进行严格的投资审查，并提出苛刻的条件。很多企业不得不选择从其他的融资渠道获得资金，众筹就是重要的融资渠道之一。

相对于传统的融资渠道，众筹无疑是一种更高效的融资模式。创业者在众筹平台上发起项目众筹，投资者在了解了项目后的短短几分钟之内就有可能对项目进行投资。由于投资的金额一般都较少，投资需要办理的手续也十分简单。再加上各种网上银行提供的转账服务，投资者对项目的投资可以方便快捷地转入平台提供的账户。一旦众筹成功（有的众筹平台就算没有达到预期设定的最低融资额也可以获得已筹集的投资），相对于传统融资，众筹从发起项目到获得融资的整个过程将是相对短暂的。

图 4.1.1-1　众筹正在全球掀起一场互联网金融狂潮

新型

众筹作为信息时代的产物，它与传统融资模式相比，是一种新兴的融资模式。这种新型带来的不仅是更低的门槛、更多的投资者自愿、更便捷和畅通的投融资渠道，也更激发了广大的创业者和平民大众体验众筹的热情，正是这种参与的热情，让众筹这种新兴的融资模式保持着其他融资模式难以匹敌的持续快速发展。

4.1.2 曾经的辉煌与未来的展望

3 年近四倍的狂飙式增长

众筹自借助互联网重新崛起之后，就一直处在高速发展的状态。毕竟，众筹平台上的固定用户相对于整个互联网用户来说还是极少数的一部分。互联网用户向投资平台的人员流入哪怕是小部分的，对众筹平台的发展来说，也将带来狂飙式的发展。

专业的调查机构 Massolutionzai 在其 2013 年发布的研究报告中显示，2012 年全球众筹总额达到 27 亿美元，比 2009 年增长 380%，而 2013 年的融资额为 51 亿美元。作为正处于成长期的互联网众筹来说，这种狂飙式的发展将在未来较长一段时间会继续保持。

互联网的普及提供了肥沃的土壤

新时代的众筹借助于互联网提供的平台而重新崛起，目前，在欧美等发达国家以及一些新兴的发展中国家，互联网已经很普及，这为众筹的发展提供了肥沃的土壤。

据国际电信联盟（ITU）发布的全球互联网使用情况报告显示，到 2015 年年底，全球互联网用户将达到32亿，其中20亿来自发展中国家。而通过互联网众筹平台进行投资的用户人数还远远不到这个数量的零头。

以我国为例，2014年年底，国内网民人数约为6.5亿，如此庞大的互联网用户为众筹的发展提供了广袤的土壤。毕竟与海量的互联网用户相比，为众筹提供融资的只是其中的极小一部分。比如其中登录互联网众筹平台并对项目进行投资的网民人数只是其中的很少一部分。其中国内最具知名度的综合型众筹平台众筹网的累计支持人数不过53万人次，实际的人数就更少了。据估算，我国6.5亿网民中的1%如果成为众筹市场中的投资者，就能使国内的众筹市场获得10倍的扩张。实际上，我国的这种情况在全球范围内同样如此。全球互联网的发展为众筹提供的肥沃和广袤的土壤为众筹提供了广阔的发展空间。

因此，要想利用好这片广袤和肥沃的互联网土壤，离不开各众筹平台的自我宣传以及各项目发起人在各个社交平台的积极发动。总之，从目前互联网众筹的发展状态来看，互联网提供的潜在投资者几乎是无限量的。

永不冷却的创业热潮

创业是每个时代都永不缺席的重要经济参与力量。作为与创业关系最紧密的融资方式，众筹几乎就是为创业者量身定制的一种融资模式。

正因为如此，只要创业热潮不消失，众筹发展就不会中断。而且随着人类社会在各个领域的快速发展，市场各领域的更新换代也变得越来越快，每一个新兴事物的诞生都将因为其市场价值而触发创业动机。这些创业需要的资金从哪里来，就目前来看，众筹无疑将越来越被放在重要的位置。

以美国为例，在所有的创业企业当中，只有不到十分之一的企业是由自己承担费用的，而其他的企业都需要通过各种渠道筹集资金。这些企业当中，只有不到 3% 的企业通过众筹的方式筹集到了资金。以 2010 年为例，当年的美国社会共有 400 亿美元的资金流入创业市场，为超过 50 万家初创型企业提供资金，这也就是说，其中只有 10 亿美元左右的资金来自众筹。随着众筹这一融资模式越来越受到肯定和欢迎，这 90% 需要融资的创业企业将越来越多地采取众筹的方式来为企业融资，强大的市场需求将是互联网众筹长期快速发展的强大动力。

4.1.3 强大的征信系统的建立

与传统的融资相比，互联网众筹具有门槛低、方便快捷，沟通渠道顺畅而多样等许多优势。这些优势让互联网众筹看起来拥有了光明的未来。不过，互联网众筹在发展中也存在着一些无法避免的问题，如信用系统不健全。

作为借助互联网兴起的融资模式，互联网众筹给很多人的感觉就是“不靠谱”。因为在很多人的潜意识里，互联网是一个虚拟的世界，在这个世界里有太多的未知，它给人们带来很多的不确定性。

互联网众筹的程序比较简单，很多人担心通过互联网进行投资会面临很大的风险，所以征信系统的建立变得尤为重要。尽管事实上，互联网众筹下出现的诈骗问题很少，但目前依然难以完全解决很多人在这方面的疑虑。另外，随着互联网众筹的快速发展，也必须建立更加完善的信用体系以面对未来的发展需要。只有不断完善信用体系，才能够确保广大的互联网用户更放心地为那些未曾谋面的陌生人提供融资。

一个完善的信用体系，应该涵盖互联网众筹的各个环节，包括其内部运作以及外部环境的构建。比如个人征信系统的建立、严格和规范的法律法规的出台、完善的技术解决方案的制定等，这些努力所营造出来良好的互联网投融资的文化风气与社会氛围，都将是互联网众筹实现全民参与的先决条件。具体来说，互联网投融资的信用体系主要包括以下几个方面的内容。

第一，透明和能够被监控的众筹平台

作为互联网众筹的媒介，众筹平台信用度的高低对众筹市场的规范具有重要影响。

众筹平台采用透明化运作，能够对项目发起人的融资行为起到很好的规范作用，让他们知道什么样的情况下是违法的，众筹的投资者也能通过平台的规范了解投资对象是否有诈骗的嫌疑。而实际上一旦出现融资诈骗，投资者第一个想到的还是通过平台向融资者追责。如果众筹平台没有一套明确清晰的运作规则，那么一旦出现问题，很容易产生纠纷，不但平台的公正性会在投资者眼中荡然无存，甚至还会被当成诈骗的帮凶承担连带责任，这对该平台乃至整个众筹的发展都将带来致命的影响。

第二， 个人征信系统的建立

随着互联网在社会各个领域的广泛使用，越来越多的人在生活中的留下的“蛛丝马迹”都将被记录下来。在凡走过必留下痕迹的互联网世界，通过全社会互联网体系的互联互通，能够建立整个社会的征信系统。该征信系统对投资者评估众筹项目的投资风险具有重要的参考价值。个人在众筹平台度上的融资表现一旦被纳入个人的征信系统，对投资者也将起到重要的约束作用。

毕竟，除了众筹融资之外，项目发起人还要对项目进行运作，一旦在众筹的过程中出了信用问题，将对其企业的后期发展带来严重影响。这也让那些有融资诈骗动机的创业者不得不有所顾忌，从而为互联众筹树立严格的行业规范。

第三，提升平台的专业性

平台的专业性可以说是互联网信用体系不可或缺的重要一环。在参与互联网众筹活动时，绝大多数的发起人都不是专业的经理人，对项目的认知和运行也缺乏专业的判断，因此需要众筹平台为他们提供专业化的服务。目前，大多数平台都开始为项目发起人提供项目方案的设计、为初创企业的运作管理提供指导，甚至用平台的资源为项目发起人寻找线下投资者等服务，这些专业化的服务是各大平台吸引创业者发起项目的重要手段。

但需要注意的是，如果仅仅是为项目发起人提供专业化的服务，将会影响项目发起人在投资者心目中的形象。因此，互联网众筹平台的专业化建设也应照顾投资者的利益。比如建立更为严格的市场准入机制，不断强化项目的优质性，尽可能地在项目发起之前就将那些高风险低收益的项目剔除。同时注重对投资者进行专业知识的讲解，增强他们识别劣质项目的能力。这些专业化方面的建设既能增强众筹平台的市场竞争力，又能大大增强项目发起人和投资者对众筹平台的信任。

第四，积极进行的交流互动

虽然互联网众筹获得了快速发展，但目前大部分的“未来投资者”还存在于线下以及各大社交平台中。因此，只有获得这些人的关注和信任，才能真正建立起全社会范围内的互联网众筹的信任体系。

作为互联网众筹的参与方，不管是融资者、投资者还是众筹平台都应该积极向平台之外的企业和民众宣传众筹的意义。

项目发起人可以发动周围的亲朋好友以及用各社交平台推广自己的众筹融资项目。众筹平台可以去线下寻找那些有融资需求的初创企业，并为这些企业与线上的投资者“牵线搭桥”，积极发挥众筹平台“企业孵化器”的作用，扩大互联网众筹的社会影响力。

线上投资者也可以向亲朋好友推荐自己认为比较优质的众筹项目。这些措施都能快速增强互联网众筹的社会影响力，进而让广大民众在了解众筹的过程中建立起对互联网众筹的信任。

4.1.4 发展中国家还有大片处女地等待开垦

发展中国家的互联网众筹发展水平总体较低，甚至很多国家和地区还是“未曾开垦的处女地”。不过那些已经有所发展的国家却发展迅速，尤其是像中国这样在发展中国家较为先进的经济体，大有赶超的趋势。这也让人们相信，广大的发展中国家将成为推动众筹未来发展的主导性力量。

总的来说，一个国家的众筹发展水平与其金融水平以及互联网的普及程度是息息相关的。作为全球经济发展的重要引擎，亚洲无论是在金融水平还是互联网基础设施建设方面都获得了长足进步，这也为众筹在这一地区的发展奠定了坚实基础。

在众筹领域同样如此，除了中日韩等国家之外，亚洲各国的互联网众筹也获得了快速发展。以南亚为例，在 2006 年到 2010 年之间，这一地区每年只有一个互联网众筹平台上线，但到了 2011 年，则有 7 个众筹平台上线。随着互联网的普及，众筹平台上线的速度也明显加快，虽然这些上线的平台目前还没有产生太大的实际效益，但其不断走向成熟只是时间问题。

非洲在很多人的眼中是一个经济相对落后、民众思想比较保守的地区，但实际上该地区很多国家近年来经济发展迅速，也让非洲成为继亚洲之后，成为世界经济未来的希望。

在众筹领域，非洲同样有着不俗的表现，尤其是在南非洲地区，众筹的发展更是风生水起。该地区有两个比较知名的众筹平台，它们是 Homestrime 和 Startme。

2011 年上线的 Homestrime 是一家区域性的众筹平台，除了为线上众筹项目的融资提供平台之外，该众筹平台主要的业务是筹集民间的资本投资线下的基础设施项目。从成立到 2012 年初，该平台就筹集了超过 2500 万美元投资非洲各国的基建项目，业务遍及 13 个国家。

与 Homestrime 相比，Startme 的发展虽然相对较慢，但其发展思路更符合目前世界互联网众筹的主流模式。目前，已经有超过 20 个项目在 Startme 发起了众筹，其中有 4 个项目的众筹超过设定的最低融资额，总共筹集到了 45000 美元。

拉丁美洲是目前世界众筹当中的活跃地区。由于传统的融资机构无法满足快速增长的融资需求，也为互联网众筹的快速崛起提供了条件。

在拉丁美洲，有两个发展较为成功的众筹平台，它们是 Catarse 和 Iderme。Catarse 目前拥有 4 万左右的固定支持者，他们通过平台为超过 1000 众筹项目提供了 410 万美元的融资。Catarse 的筹资第一次超过 100 万雷亚尔（巴西流通货币单位）共用了 10 个月的时间，而到了 2013 年，该平台筹集 100 万雷亚尔只需要 45 天。

Iderme 是拉丁美洲地区具有影响力的众筹平台，其业务几乎覆盖了拉丁美洲各主要国家。自 2011 年上线以来，该平台筹集的资金超过 15 万美元。除了这两家知名的平台之外，拉丁美洲的互联网众筹的整体发展速度也超过了其他金融领域。

自从 2010 年第一批的 5 个互联网众筹平台上线，到 2013 年，已经有超过 40 个平台上线。由于目前这一地区传统金融行业面临比较严重的问题，互联网众筹也将被放在越来越重要的地位。

中东地区虽然有很多凭借石油走向富裕的国家，但由于传统思想的影响，再加上民间创业热情相对低落，因此该地区的互联网众筹的发展速度相对缓慢，但依然高于世界平均水平。其中的亮点来自于一家名为 Zoomaal 的平台，该平台上线仅半年时间就为 4 个项目筹集到了 10 万美元，而另一个主要为股权型众筹提供融资平台的众筹平台 Eureeca，其第一个项目就成功融资 10 万美元。

除了经济的快速发展以及互联网的迅速普及，能为互联网众筹带来的强大动能之外，发展国家和地区庞大的人口基数、强大的互联网投融资平台以及相对落后的传统金融系统，同样也是推动这些国家和地区互联网众筹快速发展的重要因素。

4.2 看众筹高手如何实现财富梦

4.2.1 小商家众筹融资 6 千万

众筹给人的印象就是能够吸收尽可能多的民众资金，通过聚少成多，最终汇集成一笔可观的资金。不过在很多人眼里，众筹往往是为那些规模很小的创业企业提供小额资金。其实这种观念是错误的，随着互联网的发展，互联网社交平台与众筹平台相互配合，开始能够为那些特别具有市场潜力的项目筹集到大额融资。尤其是那些千万美元级别的融资项目，彰显了众筹作为汇聚社会资金的融资模式，其强大的融资能力。

目前，世界上已经完成的众筹项目当中，在著名众筹平台 Kickstarter 上的一款名为 Pebble Time Steel 的智能手表发起的众筹筹集到的金额最高，其总共获得众筹融资高达 2030 万美元。

图 4.2.1-1 国内某购物网站的 Pebble Time Steel 智能手表

Pebble Time Steel 智能手表项目在 Kickstarter 发起之后，立即掀起了一阵狂潮，成为众多众筹项目中最闪耀的明星。项目上线仅仅半个小时，融资额就突破了 100 万美元。在距离项目众筹截止日期还有 26 天的时候，就成功筹集到 1175 万美元，53460 人为该项目提供融资，也让它成为史上融资额最高的众筹项目。

这款手表的众筹之所以能取得巨大成功，最重要的原因在于项目本身的市场价值。作为一款高科技产品，Pebble Time 智能手表的诞生可谓万众瞩目。原因是其第一代智能手表已经在业界打响了知名度（这款手表的众筹也获得了高额融资），Pebble 第一代的电子墨水屏幕的最大优势是省电，但无法显示彩色让它成为粉丝诟病的地方。Pebble Time 彻底解决了这一问题，此次发布首先让人注意到的就是彩色电子墨水屏幕，同时还强化了省电功能，这款手表续航时间长达 7 天！在同类产品当中处于遥遥领先的地位，强大的省电功能甚至连 Apple Watch 都甘拜下风。

除了省电优势，Pebble Time 在操作方面同样有自己的优势。Pebble Time 采用了 Timeline 操作界面，让手表所有通知、新闻、待办事项都按照时间排序显示在同一条时间轴上，这也是 Pebble Time 的与众不同之处。表盘右侧的三个按键分别对应着“过去”“现在”和“未来”，能够为用户提供便捷的时间查询功能。

Pebble Time 在个性化设计方面也不遗余力，除了可以定制的用户界面外，企业还为用户提供了红、白、黑三种颜色的表带来进行更换，其更换的过程不超过 10 秒。

正因为这款智能手表展现出来的强大的市场竞争力，让企业仅仅用 199 美元的优惠价格（市场发布价为 249 美元）作为其在 Kickstarter 发起的众筹项目的回报，就获得了大量的投资者的响应。毕竟，其强大的使用功能比起超过 1000 美元的 Apple Watch 来说，绝对算得上的物超所值。

作为目前为止互联网众筹最大的赢家，Pebble Time 之所以选在 Kickstarter 上发起众筹，除了想借助这款产品的影响力之外，还因为 Kickstarter 具有强大的社会影响力。通过将产品折价预售作为投资回报，该企业成功将 5 万多名投资者转化为了消费者，这一数字对很多创业企业来说，同样是一件可望而不可及的事情。虽然互联网融资需要向平台以及第三方支付平台支付融资额的 8% ~ 10% 作为手续费，但比起在这场融资活动的获得来说，这点付出显然是微不足道的。

Pebble Time Steel 智能手表众筹的成功，展现了众筹成功需要的最本质的条件，即产品本身的市场潜力。这不是项目的文案设计能够实现的，产品的市场价值才是最终决定其市场竞争力的根本因素。这款手表众筹的成功同样也体现了美国众筹平台的强大以及民众在这一领域比较成熟的投资心理。

4.2.2 让纸飞机变成翱翔蓝天的智能遥控飞机

项目的发起人名叫 Shai Goitein, 是一位航空与飞行器的达人，平时就喜欢研究制作各种飞机模型与小型飞行器。2008 年，Shai Goitein 在一处贫困社区做志愿者，工作是为那里的孩子教授空气动力学的课程。

当 Shai Goitein 在向孩子们展示飞机模型的时候，他突然萌生了一个想法，就是设计一款可以遥控的智能纸飞机。为了实现自己的梦想，Shai Goitein 开始对微飞行器的专业知识进行学习。

1 年之后，Shai Goitein 的一款名为“powerUp1.0”d 智能飞机诞生了。为了能够将其发展成一项产业，他还专门创立了“powerUp”这一品牌和一家以该品牌命名的科技公司。随后，Shai Goitein 不断对这款智能飞机进行优化升级，并在蓝牙方面专业团队的帮助下，于 2013 年开发出了 powerUp 3.0，这款产品还获得了当年的纽约玩具展科普类产品最佳奖项。

这款产品能够通过在一架纸飞机上装上螺旋桨、方向舵远程控制器和电池，让纸飞机在空中飞行 10 分钟，并且还可以通过苹果手机对其飞行的方向进行遥控。

为了将这款产品推向市场，Shai Goitein 于 2013 年 11 月在 Kickstarter 发起了众筹，筹款的目标金额是 5 万美元，该项目最终获得了 21412 位投资者的支持，融资总额达到 1232612 美元。

4.2.3 为自己的创业项目发起众筹的游戏大师

稻船敬二是日本著名的电子游戏大师，超过 20 年的从业经历让他在日本乃至全世界的游戏界都极富盛名。有“洛克人之父”“游戏鬼才”“重口味游戏大师”等诸多称号。他设计的游戏给成千上万的人带来了新奇与刺激的美好体验，他设计的游戏极具商业化的脉络，往往一推出就能成为市场追捧的热点，这同样为他赢得了业界同行的尊重。

2013 年 10 月，稻船敬二通过自己的社交平台对外宣布，自己将离开已经合作了 23 年的老东家——日本著名的游戏发行公司 CAPCOM，开始单飞创业。他

图 4.2.3-1　游戏众筹已成为年轻投资者追捧的项目

在世界著名众筹平台 Kickstarter 为自己创业之后的开山之作《Mighty No.9》发起众筹。《Mighty No.9》以除主角 Beck 之外的所有机器人遭到病毒感染为故事背景，是一款经典复古的横版冒险通关类游戏，Beck 需要打倒每一关的 BOSS 才能通关成功。

为了打响创业第一炮，稻船敬二的游戏制作团队对游戏的设计尽量做到精益求精，同时邀请洛克人的音乐制作人 Manimi Matsumac 参与游戏音乐的制作，以捍卫自己在业界的荣誉，为自己的创业之路开一个好头。

稻船敬二的努力没有白费，项目发起之后，众多游戏发烧友看到 Mighty No.9 的主角 Beck 的第一眼就感受到了稻船敬二制作洛克人的顶级制作水准。项目在 Kickstarter 发起仅仅 4 天的时间里就成功筹集到 110 万美元，其融资速度让人瞠目结舌。

为了激发广大游戏爱好者的投资热情，稻船敬二还为项目设置了分段式奖励机制。他建立了一个名为 Mighty No.9 社区，最早出资的支持者可以加入这个社区，并参与游戏设计的每一步。

此外，稻船敬二还创建了社交平台，积极与广大的游戏爱好者互动，增强他们的参与感，并及时获知游戏开发的最新进度。

这一些列行动最终使项目的众筹取得了巨大成功，获得了 67226 投资者的投资，融资总额达到 3845170 美元，远远超过其设定的 90 万元的融资目标。

4.2.4 一天融资 1630 万美元的公益型众筹

公益型众筹也许是最能体现众筹价值的众筹类型了。公益型众筹尽管很多情况下都是没有回报的，却很有市场，目前也成为众筹领域的重要组成部分。

2012 年 11 月，一个名为“支持明尼苏达组织”的团体为该州所有的非营利机构和学校发起了为期一天的在线众筹。为了吸引投资者的关注，项目发起人为项目起了一个响亮的名字——最慷慨的一天。

此外，项目发起人还进行了大规模的宣传，比如一些艺术团体为此进行了全天 24 小时的表演，各种非营利机构所拥有的媒体资源进行了广泛宣传。一些非营利机构还发动了旗下的各级工作人员，借此积极展示自己从事事业的重要社会意义。

另外，为项目提供众筹平台的 Razoo 也对项目的宣传进行了配合。Razoo 有一个转发至 facebook 和 Twitter 等社交平台的链接，并且提示标注着每一个转发都可以为项目带来 18 美元的捐赠。

项目发起人为了鼓励各受捐赠对象积极募捐，还推出了奖励机制，其中一等奖为 10000 美元。项目发起人将各个机构收到募捐的金额进行及时地公布，以便这些机构能知道自己的排名，并为获得更好的名次而努力。

最终项目引起了巨大反响，共有 53339 人、4381 个非营利组织参与了捐款，不但创造了 1 天筹资 1630 万美元的纪录，“支持明尼苏达组织”的众筹方案也成为很多非营利性机构为自己募款的范例。后来，很多机构便以“最慷慨的一天”相似的主题作为自己众筹项目的名称。

Part5

风险防控：众筹路上有坑也有坎

5.1 擦亮眼睛，及时化解

5.1.1 众筹潜在风险的预防与解决

互联网、融资计划、看不见或者身份不明的投融资者，让互联网众筹成为很多人眼中的高危融资类型。相对快速的投融资机制，让互联网众筹成为很多人眼中洗钱、非法集资、网络诈骗等互联网金融犯罪行为的温床。

作为一项新兴的投融资模式，互联网众筹在其急速扩张的过程中存在着极大的危机和风险。这些危机和风险有的来自项目发起人，有的则是来自投资人。此外，政府的监管也会给众筹的投融资带来风险。了解这些潜在风险，做好防范的准备，才能在危机真正到来时有能力进行化解。下面详细介绍一下互联网众筹的潜在风险及解决方案。

众筹潜在风险的预防与解决方案				
带来风险的主体	风险描述	受害方	来源依据	预防与解决方案
项目发起人（企业）	融资欺诈	投资人	传统投融资发生过相关案例	对项目发起人的相关背景以及信用记录进行调查；对投资者进行投资风险方面的培训，帮助他们具备识别金融风险的能力
项目发起人（企业）	项目运作失败或者企业破产	投资人	无法保证投资者获得投资回报	对项目或者企业进行专业化的市场评估；同时尽量分散投资，使投资实现组合化和多样化，以避免一个项目投资的失败而失去大额资金
项目发起人（企业）	利用融资洗钱	投资人	利用企业的融资帮助非法资金进行转移	对某一特定时间段的最高融资额进行限制；投资者可以在监管机构的帮助下对融资的过程以及资金去向进行严格审查

续表

带来风险的主体	风险描述	受害方	来源依据	预防与解决方案
项目发起人（企业）	后续融资失败导致项目和企业的运作出现困难	项目发起人（企业）	投资者在前期投资（众筹或众筹的早期投资）实行太高或者太低的回报标准阻碍了后期（比如企业发展阶段）的投资	通过资金或者回报收回众筹投资者的权益，制定全新的融资计划
项目发起人（创业者）	项目或企业运作风险	投资者、项目发起人（创业者）	创业者缺乏运作项目和经营企业的经验，这会给项目的发展带来风险甚至导致创业失败，从而无法保证投资者的回报	创业者加强创业和企业管理的理论与实践的学习；请专业的管理团队参与企业的管理或者聘请众筹平台提供专业咨询服务 投资者在对项目进行投资时可以就项目的推进及企业管理等方面的问题向项目发起人提出质询，如果觉得项目发起人只有创业热情而无创业能力，则可以提出第一条的解决方案或者不参与投资
投资者	行业歧视	项目发起人（企业）	对该行业的发展不看好而拒绝投资	强化向投资者进行行业及项目前景的展示和宣传，让投资者看到项目的发展潜力
	权益流动	项目发起人（企业）	投资者因为对获得的股权进行私下交易而产生威胁创业者（项目发起人）对企业控制权的大股东	对没有认证的投资者的投资金额进行限制；在众筹过程中出让的股权不要太高；与投资者设立其他条款避免股权风险的发生
行业和系统风险	行业风险	企业、投资人	因为项目所处的行业缺乏竞争力而导致融资不利或者投资者回报无法保障	项目发起人可以强化项目的科技含量和创新能力，确保项目在行业中的先进性同时通过小额融资（众筹）来测试市场反应；投资者可以对项目所处行业的市场竞争力以及项目在该行业中的创新力进行调查评估
政府监管部门	融资违法	项目发起人（企业）	政府的相关监管部门以项目融资涉嫌违法而叫停项目的众筹	在项目发起之前详细了解相关的法律法规，仔细审视项目的各个细节，确保项目不触犯法律

表 5.1.1-1

这些风险是互联网众筹这种投融资本身存在的风险，虽然目前还是理论上的，但如果没有充分了解，并做好相关的预案，这些理论上的风险就很可能变成现实，并最终给众筹的参与方造成损失。

5.1.2 众筹参与者面临的投融资风险

互联网众筹的诞生给广大创业者带来了福音，解决了他们在传统融资渠道的融资难题。不过实际上互联网众筹并非想象得那么简单，如果不懂得防范众筹融资中的风险，则可能会导致项目融资失败，甚至危及整个创业过程。

目前来看，除了传统的公益性质的众筹项目外，商业性的众筹项目通常具有一个共同点，即项目创新性很强。刚发起众筹时，项目可能只是个具有社会意义或者市场潜力的 idea，此 idea 也就是人们常说的创意。由于这些创意是智慧的结晶，由此在众筹过程中对项目创意的展示将涉及知识产权的问题。

在众筹过程中，项目发起人为了更有效地争取到投资者的融资，需要将产品的研发创意，项目的策划等放在众筹平台上进行展示。由于众筹平台是开放的平台，这些具有市场价值的创意的展示很容易被他人剽窃，一旦那些拥有充足资金或者强大生产设备的商家直接按照众筹平台上的项目计划或者产品的设计原理进行快速仿制，将会让创业者蒙受巨大损失，甚至直接导致创业的失败。

有些创业者为了保护自己的知识产权，往往会选择部分展示项目的创意，但如果不能披露完整或者关键性的项目或者产品的创意，又很难调动广大投资者尤其是那些专业投资者的热情。不管如何选择，都将给项目众筹或者后期的发展带来风险。

因此，项目发起人在发起项目众筹之前就应该考虑这个问题，在全面清晰地展现项目的创意的同时，又要防止创意被同行剽窃并引发知识产权之争。并做好预案，比如将自己的发明申请专利，对自己的创意进行知识产权方面的保护，以避免在众筹期间创业或者发明被剽窃。众筹平台也应该在这方面对项目发起人进行保护，在项目发起人的创意被侵权时，应该为其提供相关的证据，此外，众筹平台也应该尽量为项目发起人的创意信息进行保护，避免将项目发起人未在平台公开的创意信息泄露出去。

另外一个问题就是项目的众筹会引来不良的投资者。所谓的不良主要指两个方面，一方面是投资心理的不成熟，另一方面则是投资的动机不良。

实际上众筹作为一种不太完善的投融资模式，其隐含的各种问题也是系统性的，因此这些风险在理论上往往难以避免，或者说需要系统的自我完善来解决，但这需要时间。在当下，众筹风险的防控根本上还是要看投资者本身的成熟度。欧美国家的众筹之所以能够快速发展，并在大规模的情况下保持低风险，民众成熟的投资心理功不可没。

如果投资者的投资心理不够成熟，会带来很多问题。比如对项目缺乏了解或在诸多疑问的前提下草率地对项目进行投资，然后不断地质疑项目，给项目的融资带来严重阻碍，连带其他投资者也开始质疑项目，最终因信任危机导致项目的失败。

所谓投资者的投资动机不良，最严重的表现形式就是利用众筹项目“洗钱”，

图 5.1.2-1 众筹风险

使一部份人的非法所得，通过众筹投资在形式上合法化，这种行为将为项目的众筹带来很大的法律风险。虽然目前有关监管部门已经要求众筹平台积极配合司法机关，开展众筹活动当中的反洗钱行动。但一旦项目的众筹遭遇投资者借此说钱的情况，即使犯罪分子被司法机关查处，对项目众筹的继续开展也将带来极其负面的影响。

此外，投资者“权益维护成本”也是项目发起人面临的一大风险。在公益性的众筹当中，项目发起人只需要回答投资者提出的一些问题即可。奖励性众筹项目发起人除了对需要对投资者撮出的问题进行解释之外，还需要按照回报方案当中的条款，在规定时间给予投资者相应的回报；股权型众筹则需要对投资者的股东权益进行长期维护，不管什么类型的众筹，对项目发起人来说都需要花费大量的精力去进行维护。正因为如此，世界各国的一些的一线互联网众筹平台对投资者的最低的投资额下限进行了要求，以减轻项目发起人进行“投资者维护”的维护成本。当然，为了体现众筹的意义，吸引更多的参与者，大多数的众筹平台并没有对投资者的投资下限进行限制，因此，投资者维护将成为互联网众筹的系统性问题。

由于系统（众筹平台）一般都将投资者视为众筹当中的“弱势方”，常常会对投资者进行多方位的保护，这种保护被有些“不良居心”的人加以利用，对融资者（项目发起人）进行诈骗，使众筹项目被迫中止。下面介绍两个“不良投资人”诈骗的案例。

众筹案例 Kickstarter 平台上的不良投资人

在世界著名的众筹平台 Kickstarter 曾经出现过投资者诈骗融资者（项目发起人）的事件。一个名叫恩里克·法尔汉的投资者利用众筹平台上“先收到回报，再付款的机制”，在收到项目的回报之后拒绝支付承诺的投资，他用这种方式诈骗了数百个项目。

最终，他的这种诈骗行为被一位名叫亚历克斯·赫贝灵的漫画家举报，这位漫画家因为在 Kickstarter 为自己的一个项目发起众筹而被恩里克·法尔汉诈骗。

Kickstarter 管理人员在接到亚历克斯·赫贝灵的举报之后对恩里克·法尔汉的账户进行了查封，经过核实后，证实诈骗行为真实存在，于是 Kickstarter 取消了恩里克·法尔汉的投资承诺，并永久冻结了他的用户名。

实际上，由于很多众筹平台对投资者的保护机制，也为投资者的诈骗提供了机会。虽然总的来说出现的事件并不多，但无疑是项目发起人在融资过程中面临的融资风险之一。

众筹投资者容易遭遇的诈骗问题，是项目发起人通过对项目的虚假介绍，将原本不存在的项目，或者不具备融资能力的高风险低利润的劣质项目，包装成高投资回报的项目，诱使广大投资这为这个项目投资。投资者受到高额利润的引诱，往往容易头脑发热，最终掉入诈骗分子设置的圈套而上当受骗。

在包括众筹在内的各种投资中，投融资双方之间的信息不对称，是造成投资者上当受骗的最重要因素。投资门槛的降低，很大程度上降低了众筹的投资风险，但这种风险是相对的。如果投资者投资了众多的众筹项目，在出现高比例的融资诈骗的情况下，他也将遭受巨大的损失。

此外，一个融资额度较大的众筹项目如果出现了融资诈骗，其危害同样很大。因此，每个参与互联网众筹的投资者必须树立一个意识，就是要慎重地投下自己的每一笔甚至每一块钱。尽可能站在市场的角度，用成熟的心态去进行投资。不要因为自己投的钱很少，就忽略众筹的投资风险，甚至完全不计较损失。

众筹案例　一个欺骗了 146 人的众筹项目

2015 年处，有人反映，一家自称是杭州云豆科技公司的企业在杭州以知名微商平台上为自己的一款名为“豆芽蓝牙智能体温计”的产品发起了众筹。为了吸引投资者为该项目提供融资，项目发起人打出了“豆芽蓝牙智能体温计 0.1 元众筹计划”的诱人标题。项目发起人在融资计划中表示，只要花“0.1 元货款 +9.9 元邮费”，就能众筹到一支儿童智能体温计。

这个众筹项目在一些微信朋友圈和 QQ 群中发布之后，其诱人的投资回报立刻吸引了 146 名微信和 QQ 用户为项目投资。这些投资者在下单了之后，项目发起人所许诺的那款儿童智能温度计却迟迟没有发货。联系项目发起人时，发现其留下的手机号已经过期，QQ 也无法联系到本人。一些投资者不得不直接打电话给杭州云豆科技公司，结果被告知，该公司已经接到多个类似电话。该公司的工作人员表示，公司确实有这样一款智能温度计，而且公司也在多家知名众筹平台为该产品发起过众筹，但作为投资回报的产品预售的价格是 101~188 元不等。之所以会在微商平台上出现“0.1 元货款 +9.9 元邮费”获得这款智能温度计，是因为有人假冒公司的名义，并盗取了这款产品的图片，以众筹的形式欺诈投资者。此外，还有人向这家微商平台反映，自己也遭受过类似的众筹诈骗，项目发起人同样以“0.1 元货款 +9.9 元邮费”为项目发起众筹，不过回报的产品不是智能温度计，而是另外一款科技产品。目前，该众筹的发起平台已经冻结了这家店铺的账户。

在很多民众的眼中，比起传统的线下投资，互联网众筹理论上的诈骗概率更高。毕竟，传统的众筹还可以进行面对面的交流和实地考察（虽然并不一定管用），而互联网众筹时将资金完全交给从未谋面的陌生人，这种信任的基础无疑会更差。由此可见，互联网众筹在净化投融资环境、杜绝融资诈骗方面还有很多的工作要做。

由于众筹大大降低了投资者的投资门槛，数量很少的投资额降低了他们投资风险，即使被融资者诈骗，他们也只是损失较少的金钱。投资者同样如此，由于每一个项目的融资都来自成千上万的投资者，投资者即使在项目融资的过程中遭遇投资的诈骗，受到的损失也是较小的。但如果从另一方面来看，如果一个众筹诈骗案的诈骗金额特别高，那么这位实施诈骗的项目发起人将获取暴利；一个犯罪分子如果以投资者的身份在多个众筹项目实施诈骗，其诈骗的回报也将是可观的。由此可见，众筹诈骗在理论上，不管是投资方还是融资方都有可能出现。

投融资者的理性和成熟的投资心态，才是杜绝众筹诈骗的根本解决途径。这不仅能够尽可能避免上当受骗，更是促进众筹这样一种对社会发展具有重要贡献的融资方式，实现规范和快速发展的不竭动力。

5.1.3 回报型众筹中的欺诈问题

回报型众筹是商业性质的众筹中常用的一种众筹类型，常常通过项目的衍生品或者相关的产品作为对投资人的回报。实际上，很多公益性质的众筹并不是完全无回报的，大部分的公益性质的众筹都涉及了投资的回报，比如一些捐资助学类的众筹。项目发起人为了赢得投资，也不得不对投资者给予投资回报。

回报型众筹当中的投资回报，基本上会在项目成功之后的一段时期内开始兑现。不同的众筹项目所得到的投资回报也会有所不同。有的项目并不是产出型的，项目发起人可能会在项目众筹成功之后立即向投资者进行项目回报，即用筹集到的钱来购买回报品，而具体回报产品是什么，也因项目的不同有所区别；那些产出型的众筹项目，则一般需要等项目有产品产出的时候才能提供回报，该类型的项目回报通常为项目中的实际产出品。

回报型众筹的诈骗主要就是融资者项目众筹成功之后，不按照承诺向投资者提供项目回报。虽然在现实中，回报型众筹的诈骗现象出现的就很少，但很多众筹平台已经开始关注这方面的问题，并开始着手对这些问题的出现采取预防措施。

世界著名的众筹平台 Kickstaerter 就通过修改有关的众筹条款来防止众筹诈骗的出现。该网站以 3 位创始人联合发布的形式将新颁布的规则强制性地放在每个众筹项目中的“机遇与挑战”的条款当中。

另一个著名的众筹平台 indiegogo 设置了“返还奖励的特别规定”，并对其进行了详细的介绍：

（1）所有投资奖励一旦得到项目发起人的承诺，都将得到法律的保护，其返还时间也将按照本平台设定的条款来实施。

（2）每一项投资奖励必须按照项目发起人在回报方案中承诺的那样获得兑现。如果因为不可抗力而无法兑现，项目发起人必须与投资者进行协商，达成一个让投资者满意的解决方案，或者求得投资者的谅解。否则，项目发起人必须无条件返还投资者的全部投资款项。

（3）本网站不会对项目发起人承诺的任何条款承担任何责任，项目发起人在进行奖励返还的过程中出现的任何问题和瑕疵，都必须严格按照以上两个条款的要求进行解决。

indiegogo 这些条款的制定可以说是很多众筹平台的“心声”，很多项目虽然没有制定这么详细和明确的条款，但追求的精神是一致的。而且更重要的是，平台还将自身的责任和项目发起人之间的责任明确区隔开来，以免在返还奖励过程中出现问题时，出现不必要的纠纷。

从项目投资者来说，由于融资和投资方之间的信息不对称、投资者的相对权益占比太小等原因，他们总的来说还是众筹中的弱势方。因此，除了平台的一些规范和保护措施之外，更重要的是需要投资者自己去进行风险的防范，比如审查项目各个信息介绍的真实性。一旦发现项目在介绍的过程中有弄虚作假的嫌疑，应该要求项目发起人进行明确的解释，否则可以要求项目发起人退还自己的投资。

在投资额一般相对较少的情况下，如果出现诈骗问题，就算走司法途径来解决，也需要花费大量的时间和金钱，往往会得不偿失。因此，投资人在前期进行严格的项目审查来规避风险显得尤为重要。

知识链接 项目发起人在实施项目诈骗后将承担的后果

项目发起人实施项目诈骗后将承受的后果具体有以下几个。

第一，刑事处罚。

众筹项目不但受到众筹平台的监督，也将受到相关法律的监管。一旦出现众筹诈骗，项目发起人除了将受到平台根据双方签订的有关协议进行法律追责之外，还将承担法律责任。我国对融资诈骗就设定了严格的刑事处罚，数额巨大，影响恶劣的可以被判处无期徒刑甚至死刑。

第二，信用受损。

众筹项目一旦被认定为诈骗，项目发起人的个人信用将遭受严重损害。因为众筹平台是一个开放性网络平台，如果项目涉及到融资诈骗，将成为项目发起人的信用污点。

第三，舆论攻击。

互联网众筹离不开网络社交，此外项目发起人的一些简单的个人资讯常常会公布在项目介绍当中，一旦出现诈骗行为，项目发起人将遭受来自互联网的舆论攻击。

项目如果因为各种原因无法按照项目回报中的条款得以兑现，即使不是诈骗，项目发起人也需要与投资人进行协商，除了可能遭受负面评论之外，整个协调工作也将是十分艰难而繁重的。

5.1.4 股权型众筹中的骗局

股权型众筹是最常用的众筹类型之一，而且由于众筹项目一般具有较强的创意性，以及股权型众筹项目具有很强的增长空间，它也将越来越成为主打众筹类型。这种类型的众筹有一个特点，就是投资的回报周期较长。目前，在世界各大众筹平台发起的众筹项目中，还没有出现众筹诈骗的案例，这也一定程度显示了这种当下热门的众筹方式其相对良好的发展态势。

当然，这并不代表股权型众筹能完全杜绝融资诈骗问题的出现。目前之所以没有出现股权型众筹的融资诈骗，该融资模式投资回报周期较长也许是其中的一个原因。毕竟，这些众筹的投资者要想获得回报必须要等到项目有产出或者盈利甚至是有闲置资金，这肯定需要一个比较长的时间。此外，这种类型的众筹在项目的回报当中承诺条款往往也是相对模糊的，这也会导致即使出现了诈骗，投资者也难以通过条款来争取自己的利益。

比如，有的项目承诺在项目获利后就开始返还投资者回报，但企业到底有没有获利，很多投资者并不清楚。如果企业在运作之后没有获利或者通过会计等手段隐瞒了自己的获利事实，投资者也无法要求企业返还自己的投资或者投资回报。

投资者在通过股权型众筹成为企业的股东之后，可能会面临这样一个问题，就是难以从企业的发展中得到真正的实惠。企业在获利之后，常常会将这些获利拿去扩大再生产，股东看得到也无法获得企业分红，那么这些问题如果出现怎么办？如果项目发起人在发起项目众筹的过程中，没有在回报方案中特别明确地做出承诺，那么一旦出现这些问题，就无法确定为诈骗，因为这是现实当中的投资或者股权投资行为中常见的问题。而且，项目发起人常常不愿意也无法做出这方面特别明确的承诺 。由此可见，投资型与股权型众筹这种看起来诈骗现象出现得比较少的众筹类型，实际上比起其他类型的众筹，存在更多的灰色地带，可操作性更差。一旦出现诈骗，投资者维护自身利益往往也更加艰难。

正如投资者在众筹当中应该扮演的重要角色那样，投资者在投资这种类型的众筹时，同样也应该发挥自身的重要作用。除了在投资之前对项目本身的市场价值、项目发起人的过往信用进行严格的审查之外，投资者还应该提高自身在股权投资方面的专业性，以避免在投资者这种类型的众筹被诈骗。

5.1.5 众筹的发展离不开法律的保驾护航

作为一个快速崛起的新兴投融资方式，互联网众筹的发展需要法律的规范与保护。

以我国为例，由于相关的法律还不完善，一些项目的众筹，稍不注意就有可能成为实质上的非法集资，从而受到法律的严厉制裁。这种局面一方面会让项目发起人在项目设计上放不开手脚，而项目设计的方案不够新颖往往又难以吸引

图 5.1.5-1　完善的法律体系是众筹发展的重要动力

投资者为项目提供融资；另一方面，投资者也会关注政府的态度，如果政府没有出台相关的法律，投资者会因为担心一旦出现融资诈骗，自己将难以获得法律的保护。这不管是在舆论上还是实质上，都将对众筹的发展造成严重的阻碍。

由此可见，法律对众筹发展的重要影响作用。而在民间，民众对任何新兴事物的出现一开始都是保持怀疑和警惕的。这时，就需要政府做出一个姿态。相关法律的出台既能对众筹的发展进行规范，同时也能向社会传递一个信号，即政府对该领域的发展是重视的。尤其是那些鼓励性法律的出台，意味着政府对互联网众筹的扶持，这将为这种新型融资模式带来巨大的发展契机。

此外，法律的出台也会让互联网众筹走向规范化，这虽然会在一定程度上对众筹的快速扩张带来一些限制，但却能很好地保证众筹的健康有序发展，从长远来看，这对众筹的发展也具有积极意义。

对投资者来说，相关法律的出台对他们参与互联网众筹将带来强大的心理支持。由于项目发起人与投资者在权益上严重的信息不对称，因此，投资者在众筹当中无疑处在劣势地位。众筹相关法律的出台，将极大地提高投资者投资的信心。

因此，作为众筹领域中快速崛起的新星，中国因为其完善的互联网建设、庞大的网民数量以及快速提升的国民收入而受到专业人士的普遍看好，甚至认为在 10 年之后，世界众筹融资额的一半份额将在中国诞生。而在国内，不管是众筹平台、项目发起人还是投资者，都在期待中国版的《乔布斯法案》的出台，只有法律的出台，中国的众筹才会真正迎来一个发展的春天。

5.2 那些失败的众筹案例

5.2.1 一个融资千万美元却最终失败的超级融资项目

2013 年 7 月，一款名为 Ubuntu Edge 的手机被其生产商 Canonical 公司在 Kickstarter 上发起了众筹。这款号称设计感十足的超级智能手机被称赞为“具有为手机市场带来一场深刻变革的能力”。

项目发起人对这款手机的市场前景似乎信心十足，项目众筹的期限被设定为 1 个月，而融资的目标也被设定为 3200 万美元。如果这个项目获得成功，将成为互联网众筹领域空前的高额融资项目。

一个月之后，项目获得了 12814216 美元的融资，打破了另一个超级项目 Pebblez 智能手表创下的 1026 万美元的记录。但这一超千万美元的众筹项目，还是因为没有在预定时间筹集到设定的目标融资额而失败。Ubuntu Edge 手机融资失败的原因主要有以下几点。

第一，对市场前景太过于乐观。

Ubuntu Edge 手机失败的第一个原因就是对项目的市场前景太过于乐观，该品牌是对“融合计算”的尝试，也就是将智能手机变成个人电脑的中枢，面对的客户主要是高科技追随者和专业计算机人士。Canonical 高估了主要客户的市场规模。

第二，选择平台不符合自己的众筹项目

Ubuntu Edge手机选择Kickstarter作为众筹平台也是该项目“竹篮打水一场空”的重要原因。Ubuntu Edge手机将融资期限设定为1个月，融资额设定为3200万美元，无疑是一种“九死一生”的冒险行为。作为“0或者全部”的众筹平台，Kickstarter规定在Kickstarter发起众筹的项目其融资额必须要超过项目设定的融资目标，否则将被视为项目失败，已筹集到的资金将返还给投资人。

此外，项目在其他环节的设置上也问题重重，这一切最终葬送了一个原本能创造奇迹的众筹项目，成为众筹领域的反面教材。

5.2.2 从Lively众筹失败中得到的经验教训

Lively是一款针对独居老年人日常生活进行监控的通讯系统。将这款产品安装在厨房、药柜或者常用电器上面，子女就能通过这套监控系统了解父母的日常生活状态是否正常，从而确定父母是否健康，同时也能时时对父母出现的突发状况进行了解，以便对父母可能的需求进行及时的回应。

在整个世界范围内的老年化的情况下，这款产品无疑具有巨大的市场需求。产品的创始人对这款产品充满信心，为了获得足够的资金，帮助企业度过发展初期缓慢的过渡期，企业在著名的众筹平台Kickstarter发起了众筹。众筹的期限为一个月，设定的最低融资额为10万美元。

令项目的发起人难以接受的是，这一款看起来大有前途的老年产品的众筹遭受惨败。最终的结果是，168名网友为这款产品的众筹提供了15000美元的投资。不管是融资的额度还是投资者人数都远远低于项目发起人的预期，这对产品的创始人来说，无疑是个不详的预兆。

但是略懂市场分析的人会发现，这个失败的众筹并不能代表产品没有市场，

原因是众筹本身就具有很强的局限性，这个局限性就是互联众筹参与人群的年轻化。

虽然随着互联网的逐步普及，老年人也成为互联网的重要用户，但年轻人无疑是众筹的绝对主力。作为一种新生事物，新鲜感也是众筹吸引很多年轻人的重要因素。在现实中，很多年轻人之所以会为互联网众筹提供融资，其中一个重要的因素就是体验这种新鲜和前卫的过程。

互联网金融给老年人带来的不安全感，在年轻人那里几乎很少。由于老年人的风险意识较弱，再加上对互联网不够熟悉，绝大多数的老年人对众筹并不感兴趣。年轻人本身所具有的更强风险意识，以及他们作为网络原住民，对互联网更为熟悉和信任，但由于这款产品与年轻人并没有直接关系，因此 Lively 众筹的失败也在情理之中。

Lively 众筹的失败，说得简单一点，就是老年人对众筹这种投资方式不感兴趣，而年轻人对这款产品也不感兴趣。也许有人会说这款产品是给年轻的父母和祖辈使用的，和年轻人也有关系，但实际上，这些年轻人可能会在产品正式上市后，在需要的情况下会难以产生为年迈的父母购买这款产品，但却难以产生为项目的众筹提供融资的冲动。

不过所幸的的是， Lively 的生产厂家并没有以这次失败的众筹来评价自己产品的市场前景。他们转而去寻找线下的专业投资者，并很快获得了 480 万美元的融资，这笔资金能够很好地帮助公司度过艰难的初创期。Lively 这款产品成为又一个在 Kickstarter 众筹失败、但在其他融资渠道获得成功的经典范例。

因此，Lively 众筹的失败以及其在线下的成功也在给其他的项目发起人一个启示，不要将不符合互联网众筹生态的项目放到网上众筹，更不能将互联网众筹的成绩作为产品是否具有市场前景的唯一甚至重要的标准。

5.2.3 中国游戏众筹何时不再尴尬

作为世界最知名也最成功的众筹网站之一，Kickstarter 自 2009 年上线以来，其项目的融资取得了十分亮眼的成绩。在众多融资项目类型中，游戏众筹同样在 Kickstarter 取得了耀眼的成绩。其中一款名为《星际公民》的模拟太空的网络游戏，2012 年 9 月 1 日在 Kickstarter 发起了众筹，到 2015 年，这款游戏已经获得了 7700 万美元的融资，这笔资金几乎能完全满足一款大型游戏的前期投入了。

虽然我国的一些游戏开发商也为自己的游戏发起过众筹，但其金额往往是很小，很少有超过 10 万元的游戏众筹项目。中美两国在游戏众筹这方面的差距，与其说是由两国国民之间收入水品差距决定的，不如说是两国之间在游戏众筹这一领域中意识的不同所致。

这个问题首先出现在游戏开发商一方。很多资深游戏玩家发现，我们的网络游戏有严重的同质性。往往一款游戏当中出现比较好玩的设计环境，那么其他公司可能会直接将这一模块照搬过去，改头换面之后放进自己的游戏当中。这种“天下游戏一大抄”的情况也让很多玩家对国产游戏缺乏期待，他们只希望这款游戏能够有一个好的发行平台，能够产生高人气就行了。

可想而知，当玩家对游戏的独创性缺乏期待的时候，那么众筹的游戏将失去其最大的吸引点，即创新性。既然这个游戏还和其他已经上线的游戏差不多，玩家凭什么为它的诞生提前付钱呢？

玩家对游戏开发商没信心，游戏开发商同样对玩家也没有信心。因此，即使游戏本身有自己的独创性，开发商也不敢冒险以众筹的方式来获得游戏的前期资金。就游戏这类智力型产品来说，需要将它的一些创意展现给投资者，才能吸引投资。于是，这里就涉及一个信息泄露的问题。一旦因为这一“生死未卜”的众筹泄露了游戏的创意，那将是得不偿失的，这也是很多游戏开发商的想法。正是这种想法作祟，导致大部分的游戏开发商不愿意为了众筹将游戏的设计尤其是独创性设计公布出来。

所以，目前中国国内的大多数游戏众筹，仅仅就是用来博眼球的，至于能不能筹到钱，开发商并没有放在心上。不管他们将自己的众筹目的说得多么冠冕堂皇，但从众筹融资这一角度来看，这些游戏的众筹无疑是失败的。

因此，只有潜心打造独创性的游戏，通过理想的方式和有效的营销策略吸引广大玩家，提升他们的投资兴趣，甚至转变他们的消费习惯和投资意识，才能真正迎来国内游戏众筹的春天。

5.2.4 这本“能喝的书”为何在众筹领域遇冷

众筹要成功，宣传很重要。但反过来，成功的宣传并不是众筹的唯一决定性因素。

2015 年 12 月底，一个众筹项目火爆朋友圈，题目是《这个姑娘发明了一本可以喝的书，改变了 6.63 亿人的命运》，故事的内容是关于一个女博士，她发现纳米银离子可以杀菌，然后想到自己在非洲旅行的时候曾看到许多人喝不到卫生的水，于是她在滤纸中加入银离子，制造了可以过滤杀细菌的书，拯救了无数生命。

为此，英国 BBC 在 2015 年 8 月对这一发明进行了广泛报道，著名商业周刊《FastCompany》甚至将其列为 2015 年度伟大发明之首，《时代周刊》则将其选入年度 25 大设计之一。在媒体的大量宣传下，这一发明在 11 月获得各种发明大奖。

于是，这款很多人眼中的伟大发明被放到美国一家著名的众筹网上进行融资。然而让人大跌眼镜的是，这一项目的众筹却连 3 万美元的最低融资额度都没有达到，仅仅获得了 1.1 万美元的融资。

很多人分析，这一项目之所以会失败，其中一个很重要的原因就是不符合市场期待。

首先就是项目的名称，“一本能喝的书”虽然看起来很有创意，但也会让人“没有感觉”。谁会用书来喝水呢？这本书如何携带呢？自己有多少机会能够用得上呢？这种与人们的意识和生活习惯相冲突的产品形态，容易引发人们的质疑，很多人会觉得它并不实用。

有专家指出，这款产品有画蛇添足之嫌。比如将水烧开可以说是最佳的杀菌途径，而且简单实用，成本也更低。研发者所说的这本书的一张纸就能过滤和杀菌 100 升水，这同样引发了人们的质疑。这些质疑包括纸很可能被水浸烂，这种物理性质的过滤和杀菌难以彻底等。

此外，这款产品还处于改善各方面缺陷的初级研发阶段，并没有大规模投放市场的产品，其市场前景难以确定。这些都让这一背负赞誉的发明在众筹市场遭受冷遇。

由此可见，众筹要成功，不是“高大上”的宣传就可以了，也不是产品看起来很伟大的就行。最重要的是项目的设计和产品的研制要接地气，能够让投资者看到其中的市场价值。产品要符合现实，具有市场前景，只有这样，才能激发出投资者的兴趣和投资冲动。这样的项目宣传才是成功的宣传，这样的产品才是成功的产品。

5.2.5 无法实现的承诺让 myIDkey 快速陨落

myIDkey 是一款功能强大的加密产品。这一产品看起来就像一个带显示频的 U 盘。通过他，你就可以对浏览的网站以及自己的各种文档进行加密。只要将指纹输入这个产品，或者进行语音控制，你所设置的密码就会自动显示在产品的屏幕上。

由于其具有强大的加密功能，因此产品问世之后，前景被普遍看好。在线下，

myIDkey的母公司Arkami获得了启动该产品研发和样品生产的300万美元的投资。在该公司为myIDkey在Kickstarter发起众筹之后，他们成功筹集了47.3万美元的资金，这是目标金额的3倍。

按照Kickstarter的规则，产品在平台上面发起众筹时，必须要有产品原型。对于这一规则，myIDkey这款产品的负责人信心满满地表示这完全不是问题，因为产品已经完成了设计和专利的部分，也确定了生产厂家，一旦这笔融资完成，他们就可以从2013年9月开始发货。

然而，实际上myIDkey还在不断进行这技术改进。研发人员为了让产品能够一鸣惊人，不断为产品增加各种功能。结果，公司最终无法在承诺的日期将完善的产品研制出来。为了兑现承诺的发货日期，公司在产品性能不稳定的情况下，生产了少量的样品，发给了一部分为项目提供融资的支持者。结果很多产品在送到支持者手中时已经坏掉了，少量能勉强使用的也是漏洞百出，成为各种故障不断的残次品。

于是，来自支持者的投诉和抱怨铺天盖地而来。那些支持者认为Arkami完全就是在唬弄他们。不管Arkami如何竭尽全力去解释，但这次事件毫无疑问对公司和产品的信誉已经造成了致命的打击。支持者甚至表示不接受Arkami为这款产品增加太多复杂的功能，因为自己当时在为产品投资时就是喜欢产品简单实用的特点。

对产品的不断升级，导致Arkami不得不更换新的生产厂家，这无疑再度延迟了产品的交货日期。此外，产品也并没有像公司预期的那样完善，太多的功能也导致产品出现更多的漏洞，这也让公司的努力付之东流。

最终，不但已经筹集成功的47万美元被迫退回，甚至先前成功筹集的300万美元也打了水漂。Arkami公司在失去融资支持的情况下资金链断裂，原本一款极具市场前景的产品，就这样因为研发控制以及众筹体验当中的失败而夭折。

5.3 正视失败，不让众筹变“众愁”

5.3.1 众筹融资，失败是常态

对创业者来说，众筹是种相对容易的获得融资的方式，因为融资的门槛和成本都很低。但实际上，众筹成功并非易事。首先，短时间内要吸引投资者的关注，而且还要面对众多项目的竞争，这对项目本身的创新、项目方案的设计，以及项目发起人的互联网社交能力都提出了严峻的挑战。

众筹路上，失败是常态。每个人都应该理性地看待众筹的成败，不要认为众筹的门槛低而成功就容易，只要将项目往平台上一推就能万事大吉。如果没有在心理和实际行动上做好充分准备，就很有可能遭遇失败。

实际上，由于新时代的众筹大多借助互联网作为项目融资的平台，因此如何与众多的互联网潜在投资者进行交流和互动，也成为决定众筹成败的最重要的因素之一。

正如在当今社会，很多艺人崛起成为超人气偶像明星。很多艺人虽然有实力，却一直不温不火，甚至沦为路人。其中一个重要的原因就是那些人气偶像懂得与广大的粉丝互动，在各个环节很好地包装和推销自己而那些普通艺人在这方面做得不够好。众筹同样如此，除了项目本身要具有很高的市场价值之外，如何将最有用的信息传递给广大投资者，如何对项目进行设计和包装，也将决定众筹的成败。

目前，世界上个互联网众筹平台上的融资项目，其众筹的成功率依然相对偏低。以世界最知名的众筹平台之一——Kickstarter 为例，到 2015 年年初，该平台总融资额也超过了 10 亿美元，成为全球众筹平台中的明星。但另一方面，在高达 17 万个以 Kickstarter 为平台的众筹项目中，融资成功的仅仅为 40%。值得一提的是，Kickstarter 上的项目很大一部分的比例都是预付型众筹，也就是说项目以预售产品作为投资回报，投资者在为项目投资之后，就能免费或者以优惠的价格获得项目衍生的产品或者服务。这种众筹类型的成功率往往都比较高。在 Kickstarter 上的项目众筹失败率都如此之高，更不用说其他的众筹平台了。

因此，世界范围内的互联网众筹要想真正提高成功率，还有很长的路要走。除了项目发起人需要做出努力之外，作为互联网众筹的两个重要参与者，众筹平台与投资者需要通过不断提升，努力适应众筹这一时代大潮的到来。

众筹平台的努力方向

在互联网众筹中，众筹平台起到的是一个中介作用，是为融资者和投资者搭建一个交流和交易的平台。众筹平台的运营水平，对众筹的成败起着至关重要的作用。随着互联网的快速发展，众筹平台也越来越走向专业化。从更严格地审核项目的进入，评估项目的可行性，到为项目的设计提供帮助，进而为项目的融资寻找更多的线上和线下资源，甚至在项目融资成功之后，为创业企业的运作提供专业化的指导。这不仅将大大提升创业者众筹项目的成功率，甚至也对项目后期的发展提供极大帮助。严格的审核、积极的帮助，专业化的指导，是众筹平台不断发展的方向，也将成为创业者的福音。

这些都是众筹平台努力的方向，也是适应未来众筹平台竞争的需要。随着一个个众筹平台的快速建立，众筹平台也将不断进行行业洗牌，并面临越来越激烈的竞争。不管是众筹项目还是投资者，都会向优质的众筹平台汇集。因此，不断走向专业化也将是众筹平台在行业中立足的关键，也是提高众筹成功率的重要因素。

投资者努力的方向

投资者是互联网众筹生存和发展的源泉，也是决定互联网众筹发展方向的决定性力量。在众筹当中，广大投资者既是投资者又是消费者。投资者在众筹阶段的反馈，将成为创业者眼中重要的参考指标。很多创业者有良好的项目或者产品，却遭遇众筹的失败。有的创业者在众筹成功之后，创业却遭遇失败。其中一个重要原因，就是投资者不够理性和专业，很多众筹投资者完全根据自己的喜好而不是项目的市场前景来投资，投资取向和市场严重脱节。

在众筹市场，理性和专业的投资者，能从投资者和消费者两个角度，帮助创业者了解自己的产品有哪些需要改进的地方，众筹的成功也将和创业的成功形成紧密的联系。通过在众筹阶段对项目进行优化调整，最终让产品尽可能适应市场的需求。

总的来说，众筹的发展会随着时间的推移逐渐走向成熟，众筹的成功率也将不断提高。在这个过程中，作为众筹的参与方，众筹平台、项目发起人、投资者都需要为众筹的发展贡献自己的力量，不断走向成熟和专业。只有如此，他们才会成为互联网众筹的受益者和成功者。

知识链接　Kickstarter 历年失败的项目数据

年份	失败项目数量	失败项目占总项目比例
2010 年	6344	57%
2011 年	14000	54%
2013 年	77760	57%
数据来源：《众筹：传统融资模式颠覆与创新》		

5.3.2 CC 美咖众筹融资失败启示录

众筹的重新崛起，对那些想通过融资创业的人来说无疑是一个福音。自从互联网众筹诞生之后，很多创业者通过众筹的成功融资，为自己的创业插上了翅膀。但另一个问题是，众筹的成功不等于创业的成功。有时候，众筹对企业后期的发展还将带来重大的影响，甚至成为创业失败的重要原因，最终“成也众筹，败也众筹”。

2014年，武汉一家新开业的一个名叫“C C美咖”的咖啡厅火了，其中一个重要原因就是这家咖啡厅是通过众筹融资成功的。在50多个投资者当中，绝大多数都是女性，当50个美女股东走在武汉繁华的光谷大街上的时候，立刻成为吸引人关注的一道靓丽的风景，瞬间成为该市的新闻头条，引来大量媒体的争相报道。

C C美咖的完美开幕让很多人对其后期的发展十分期待。然而让人大跌眼镜的是，这家咖啡厅在开业3个月之后，项目的发起人宋文艳却选择将其关闭。面对众人的疑问，宋文艳在2014年底发文对自己这段创业历程进行了回顾，并对C C美咖融资的成功和创业的失败进行了总结。

宋文艳原本从事的是越秀人力资源师考证方面的培训工作。因为2012年在北京的半年时间内，看到北京许多开在写字楼里面的小小聚会场所，经常在晚上和周末组织各式各样的学习、分享、交流活动，于是她在2012年底回到武汉后，大约花了15万元在以前教室装修的基础上进行了再装修并采购了设备，开设了一家很温馨的咖啡书吧，另外这里还继续是越秀的培训教室。

这家咖啡厅开设之后，成为很多准备参加人力资源师考证的学员学习交流的场所，这也让这家咖啡厅实现了盈利。

2013年，众筹已经在国内兴起，尤其是北上广这些大城市，众筹已经成为一种流行的融资模式。这些城市的一些创业者借助众筹这种融资模式开设了咖啡厅，例如北京的“很多人咖啡”“车库”、广州的“贝塔”“梦享家咖啡生活馆”、青岛的“多米人咖啡店”、南京的“DreamHouse很多人咖啡馆”、武汉的“D E M O”等就是其中的代表。

宋文艳受到启发，在朋友的强烈建议下，决定通过众筹的方式在武昌开一家众筹式咖啡厅。产生这个想法之后，宋文艳写了一个招股书，由于工作的关系，她并没有把自己的众筹项目对外发布，而只是将其发到了越秀人力资源的 Q Q 群以及个人的朋友圈。为了进一步增强项目的可信度，宋文艳还在汉口的咖啡厅开了三次现场招股说明会。

通过线上和线下与投资者的交流互动，宋文艳的创业计划获得了投资者的积极响应，宋文艳采用的是股权式众筹，每股 2 万元，仅仅两周的时间，就有 50 多个人表示愿意为项目投资。宋文艳最终成功为项目筹集到了 100 余万元的创业资金。

为了能够让创业走正规化的道路，宋文艳还专门成立了一家文化传媒公司，因为投资的股东 90% 都是女性股东，因此她给咖啡厅起了一个漂亮的名字“CC 美咖”。为了强化宣传效果，宋文艳还特意选择 3 月 8 日“妇女节”这天作为咖啡厅开业的日子。

从产生创业的想法到通过众筹融资再到众筹成功，宋文艳这一阶段的历程绝对称得上是成功甚至辉煌，仅在两个星期内通过众筹的方式融资 100 多万元，堪称国内众筹领域的经典范例。

但这种成功的背后却隐藏着严重的危机，这种危机正是成功的众筹所带来的。众筹成功之后，接下来就是项目的具体实施阶段，而众筹带来的一系列问题似乎注定了这项看起来风光无限的创业将走向失败。

由于投资者和项目发起人关系相对亲密，该众筹程序相对简单，因此宋文艳的“CC 美咖”并没有像互联网众筹那样经过平台专业团队严格的市场论证。

据宋文艳的介绍，在 50 多个股东当中，除了自己运作过咖啡厅（还不算太过市场化的咖啡厅）之外，很多人并没有这方面的管理经验。尤其是其中占绝大多数的女性股东，对项目的投资完全就是抱着新鲜好玩的心态，并没有对参与咖啡厅的管理做好足够的心理准备。在开业的当天，女性股东都在为自己能够美丽出镜而忙碌，没人去考虑应该怎么做好开业当天的促销活动以招揽客户，提高咖啡厅的业绩。大家都抱着“投资完了回家等着咖啡厅盈利然后分红”的心态来看待 CC 美咖，至于如何盈利她们没有做太多考虑。

在股权的设置上，项目发起人将股权分得过于平均，这导致咖啡厅在运作的过程中出现了严重的管理和决策上的混乱。由于大家的权利相同，因此每个人都有自己的想法，都想发挥主导作用，但往往无法确保决策方向的一致。宋文艳后来总结道，哪怕众筹的金额少一点，应该留下至少一半的股权掌握在创业者自己的手中，以确保自己在企业决策时的主导地位。

众多股东包括宋文艳自己都有另外的工作，一些人则要在家里面带孩子，大家都无法将全部用精力投入到这项事业中去。由于人多事杂，宋文艳想要召开股东大会都没办法召集到全部的股东，这对企业的发展来说（尤其还是股权平均的情况下）无疑是致命的。股东的不专业和缺乏激情，让宋文艳感叹创业者不应该为了融资而不加选择地吸收股东，因为相比金钱，股东在企业发展过程中提供的精神与管理方面的帮助更加重要。

从宋文艳众筹的成功经验来看，她在众筹过程中进行的项目设计以及操作手法无疑是高明的。但是这种新颖的融资模式也为企业的后期管理出现的诸多问题埋下了伏笔。权重平均的股权式众筹最终导致 CC 美咖成为了一个家族式企业，这也是宋文艳之前所没有考虑到的。正如马云的阿里巴巴一样，企业最初也是由 18 个创业者共同出资创办，这实际上也是一种众筹模式，而企业在正式运营的过程中也成为了一个家族式的企业，但蔡崇信的到来改变了这一切，正是他的规范化改革让阿里巴巴摆脱了原来那种落后的管理模式。当然，这种改革是建立在马云对企业有绝对控制权的基础之上的。但因为在众筹设计中将股权分得太过平均，CC 美咖很难具备这样的条件。

实际上，宋文艳的 CC 美咖的问题也是很多众筹咖啡厅的共同问题，后来出现的这一类型咖啡厅的倒闭潮也验证了众筹这种融资模式对企业后期运作带来的负面影响。

由此可见，众筹虽然对企业创业融资有着巨大的优势。但项目发起人应该考虑到这种融资模式对企业运作的各种后续影响，通过精心设计的融资方案尽量避免众筹对企业发展带来的不利因素。只有这样，才能真正让众筹成为自己创业的福音。

5.3.3 众筹成功和创业成功是两码事

对很多人来说，创业之前为自己的项目发起互联网众筹，是一举多得的明智之举。互联网众筹除了能够为项目筹集到所需的启动资金之外，还能够通过众筹来了解项目的市场反馈。一般来说，项目如果在众筹方面的业绩较好，证明投资者对该项目的产品或者服务是有期待的。他们为项目提供投资就是为了能以优惠的价格享受这种产品或者服务（预售性质的奖励型众筹），或者通过企业的发展增加投资的股权价值（股权型众筹），甚至是为了成就一个伟大的梦想或者项目无偿捐款（捐赠型众筹），这些都是投资者对项目充满期待的表现。

在绝大多数情况下，除非是那些资深的大额投资者，一般的投资者在整个众筹过程中其身份是没有转化的，他们一般会站在一个消费者的角度去审视项目，觉得这个项目衍生出来的产品或者服务能受到广大消费者的欢迎，他们就会毫不犹豫地为这个项目投资。

项目众筹的成功无疑能给项目带来很多有利的资源，除了资金之外，这些投资者很可能会成为企业的第一批消费者。另外，那些关注者也很有可能成为企业的潜在消费者或线下投资者。虽然没有为项目的众筹投资，但他们也许只是不想在难以预料的情况下冒风险，等到产品真正被投放市场之后，他们也很有可能成为消费者或投资者。

但是，很多众筹成功而运作失败的企业已经向人们展示了众筹对企业的利与弊。很多专业而有远见的创业者就懂得利用众筹为企业带来的有利因素，比如众筹带来的资金与关注度；避免因为众筹带来的各种不利因素，比如某些众筹类型需要进行投资者的后期维护，股权型众筹股权过于分散带来的决策混乱等。很多人为了避免这些问题，会直接用产品折价预售作为投资回报。这样，企业就不需要因为进行投资者的后期维护花费太多的时间和精力，也能在很大程度上避免因为与投资者的纠纷给企业的发展带来负面影响。

此外对一个企业来说，其整个发展历程中，资金问题往往不是通过众筹融资就能完全解决的，在后期的运作过程中，企业还需要进行后续融资。在企业的发展过程中，其各个不同的发展阶段，获得的投资对象也是不同的。因此，企业在众筹成功正式开启项目的运作后，就需要换一个思维应对企业发展的下一个阶段。

因此，当项目众筹成功之后，也意味着企业是具有市场潜力的，但这并不意味着企业的后续发展能一切顺利。

在市场方面，仅仅靠众筹聚集的人气是远远不够的，毕竟对绝大多数企业来说，线下的消费者才是决定企业发展的主要力量。在企业的资金需求方面同样如此，众筹一般只能为项目的启动提供必要的资金，如果企业在后期的发展需要大额资金的话，不能再依靠众筹来融资了。毕竟，处于这一阶段的企业，

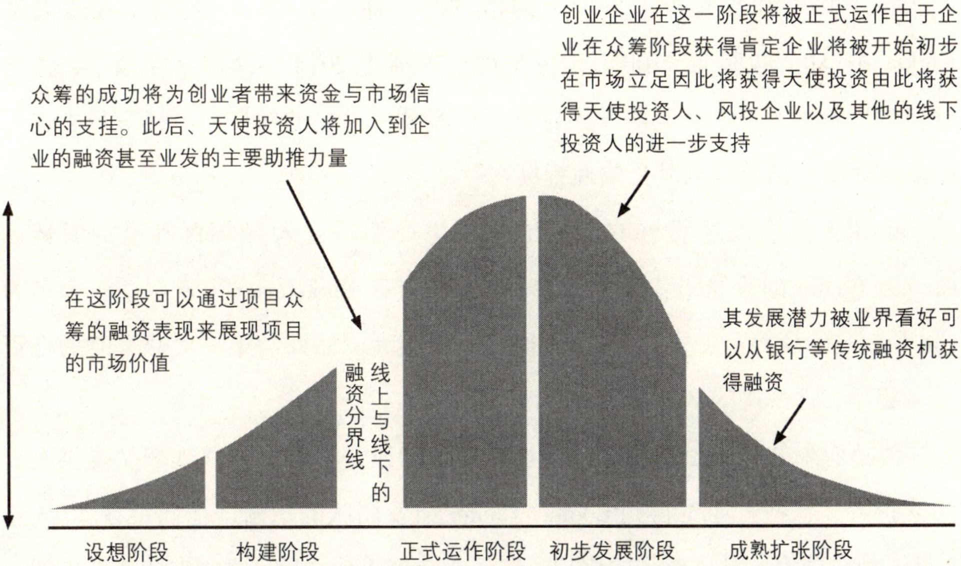

图 5.3.3-1　企业在各发展阶段的状态描述及融资对象

对众筹平台的投资者来说已经没有新鲜感了，再次众筹很难获得投资者响应，甚至还可能会影响企业的信誉。另外，企业在规模扩大之后，其资金的需求也会比初期的启动资金大很多，这往往不是通过众筹能够解决的。此时，企业就需要比较大额的天使投资（一般的投资金额在100万元以上），这种融资会经过比较严格的市场化评估（毕竟他们都是专业的投资人），其周期也会相对较长，融资计划书比众筹时的项目介绍更加精细和专业，如果按照众筹的模式去进行融资往往难以打动投资者。

另外一个问题是，众筹融资与传统融资在融资周期上也是不同的、如果在企业发展过程中缺乏资金的时候才急急忙忙去进行融资，很可能让企业面临无米下锅的困境。

5.3.4 神奇的户外冰箱再次众筹的惨败

还记得那款受到人们追捧的神奇的户外冰箱 Coolest Cooler 吗？它因为强大的实用性和看起来十分广阔的市场前景而风靡美国。尤其是在著名的 Kickstarter 上，以接近1100万美元的融资额成为2014年众筹年度冠军，让这款户外冰箱大出风头。其研发团队甚至被邀请到著名的脱口秀电视节目去进行产品的介绍，由此可见其受欢迎程度。

正在人们引颈期盼这款产品能大量生产然后进入寻常百姓家的时候，Coolest Cooler 的研发团队又于2015年的12月在 Kickstarter 上发起了一个名为 zhe Cooler 的众筹。融资的目标金额是10万美元，然而与第一次众筹时的融资火爆相比，这一次的众筹却无人问津。

伴随而来的是广泛的质疑，质疑最强烈的还是第一次为这款产品提供融资的支持者。这些人原本得到 Coolest Cooler 研发团队的承诺，他们将在2015年2月成为全球第一批该产品的用户。然而在众筹成功之后，这些支持者被告知，最早要到 2016 年 4 月才能拿到产品。这种失信行为除了引发了人们对该团队信用的质疑之外，其背后的深层次问题更值得品味。

在产品受到市场的普遍期待和舆论的广泛宣传，同时手握 1100 万美元的融资之后，这款产品为什么无法如期投产？如果是钱不够，那么为什么不在线下寻找大额投资者，甚至战略投资者。按理说，如果产品真的具有市场前景的话，应该会吸引那些线下投资者纷至沓来。也就是说，这款产品应该不会有资金问题才对。那么，研发团队再次在网上发起众筹又是什么意思呢？而且还将目标金额定在 10 万美元这样的低位。线下投资人没有对该产品进行投资，是发现其中有问题吗？

如果是技术问题，那就更不用说了，技术不过关，产品的任何发展都无从谈起，甚至有欺骗投资者的嫌疑。种种疑问之下，也导致该产品第二次众筹的失败。这一失败对产品今后的发展是致命的，研发团队的违约无疑在支持者和潜在消费者心中留下了极其不好的印象。其背后可能隐藏的问题，让人对这款产品后续的发展既期待又夹杂着疑虑，这也让这款产品后期的发展充满了不确定性。

5.3.5 众筹百万的 Zano 迷你无人机为何突然“坠落”

2015 年 11 月，一家名为 Zano 微型无人机公司突然宣布倒闭，这一消息立即引发了市场的广泛热议，很多人甚至为此扼腕叹息。说起这款 Zano 微型无人机，它曾经也有过辉煌的过去。这款只有 55 克的微型无人机功能据说十分强大，和其他的大型无人机相比，该有的功能几乎都有。配备了五百万像素摄像头和一个麦克风，配上光学图像科技，甚至还能连续摄像。

强大的技术让这款产品一经问世就受到市场的追捧，在 Kickstarter 发起众筹之后，其创下了一天筹资 100 万美元的纪录。最终的融资额达到了 300 万美元，